Wie trade ich eine Range?

Handeln Sie den interessantesten Markt der Welt

Heikin Ashi Trader

Inhaltsverzeichnis

1. Einführung in das Range-Trading 4
2. Was ist ein Range-Markt? 11
3. Schau nach links! 16
4. Wie zeichne ich korrekte Unterstützungs- und Widerstandslinien? 20
5. In welchen Märkten kann man Range-Trading betreiben? 24
6. Wie handelt man eine Range konkret? 28
7. Wo steht der Stop? 39
8. Fragen des Trade-Managements 43

   A. Sollte man den Trade vor dem Wochenende schließen? 43

   B. Sollte man bei Range-Trading Trailing-Stops einsetzen? 45

   C. Was sollte man machen, wenn der Trade „nirgends" hingeht? 46

   D. Sollte ich bei Gewinn den Stop näher an den Markt schieben? 47

9. Beispiele von Rangemärkten 49

   A. Trading-Ranges im Devisenmarkt 49

B. Tiefere Betrachtung einer Seitwärtsphase im E-Mini 56

C. Tiefergehende Betrachtung einer Seitwärtsphase im FDAX 61

10. Fortgeschrittene Strategien 69

　A. Abstauberlimits 69

　B. Fakes 76

11. Trendkanäle (Channel Trading) 78

12. Was wirklich wichtig ist 83

13. Range-Trading für Daytrader und Scalper 86

　Glossar 94

　Weitere Bücher von Heikin Ashi Trader 100

　Über den Autor 114

　Impressum 115

1. Einführung in das Range-Trading

Trader teilen die Phasen des Marktes gerne in Trendphasen und „trendlose" Phasen ein. Es hat dann den Anschein, als wäre das große Geld vor allem in Trendphasen zu verdienen und als wären trendlose Märkte zu meiden, weil hier kaum ein Blumentopf zu gewinnen sei.

Diese Ansicht ist die logische Folge einer Marktphilosophie, die das Verhalten von Finanzmärkten vor allem auf das Auftreten von Trends hin beobachtet. Das ist meiner Meinung nach eine Sichtweise, die durchaus hinterfragt werden sollte. Was Trader als „Trends" auf einem Chart wahrnehmen, sind oft nicht mehr als Anomalien, die eher selten vorkommen.

Die Regel ist wohl, dass sich Finanzmärkte vorwiegend in trendlosen Zonen aufhalten, die nicht klar definiert sind. Es ist, als würden die Marktakteure in solchen Zeiten eine abwartende Haltung einnehmen. Zwar wechseln auch hier durchaus die Kontrakte die Eigentümer, was durchaus einiges an Bewegung verursachen kann. Dennoch reichen diese Transaktionen nicht aus, um eine bedeutende Bewegung in Gang zu setzen, die als „Trend" identifiziert werden kann.

Es wird gekauft und verkauft wie immer, aber dies geschieht zu Preisen, über die sich die Marktakteure mehr oder wenig einig zu sein scheinen. Zwar gibt es auch hier Hochs und Tiefs, diese halten sich aber so in Grenzen, dass sie im Chart identifiziert werden können. Diese Extreme bilden dann die tiefsten oder höchsten Preise, die die Marktteilnehmer bereit sind zu zahlen. Werden diese Extreme erreicht, stellt der Beobachter fest, dass der Markt gern eine Kehrtwende von 180 Grad macht und in die Richtung des anderen Extrems zu laufen beginnt.

In Tradersprache spricht man in diesem Fall gerne von einem **Seitwärtsmarkt** oder einer **Trading-Range**. Da die meisten Trader trendorientiert sind, meiden sie solche Marktphasen oder stellen Positionen glatt, sobald der Markt in eine solche Phase übergeht. Es gilt dann abzuwarten, wann das nächste „Signal" kommt. Diese Trader hoffen, dass sich der Markt wieder in Bewegung setzt und den vorherigen Trend wieder aufnimmt.

Diese Betrachtungsweise möchte ich keineswegs kritisieren. Sie ist eine legitime und unter Umständen auch profitable Trading-Philosophie, die natürlich vor allem dann gut funktioniert, wenn sich Märkte tatsächlich vorwiegend in Trendphasen befinden. Bleiben diese aber aus, haben die Trendtrader natürlich Schwierigkeiten ihre Ziele zu erreichen.

Um die Problematik etwas genauer zu illustrieren, reicht ein einfacher Blick auf den Tageschart des Währungspaares EUR/USD.

Bild 1: EUR/USD, Tageschart, Mai 2015 – Oktober 2016

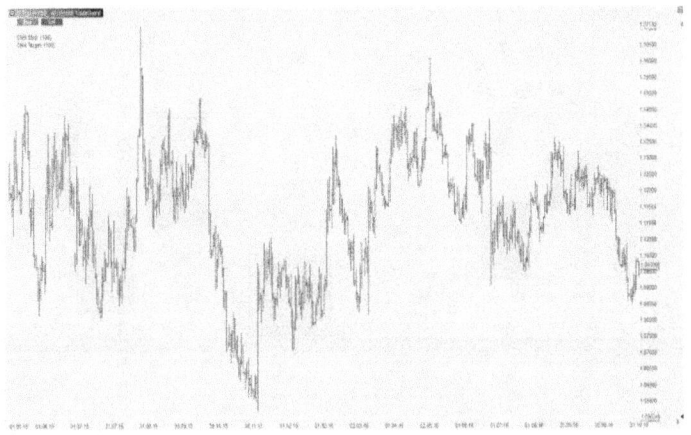

Das Bild zeigt den Handel des EUR/USD in einer Zeitperiode von etwa 16 Monaten. Zweifellos gab es in dieser Periode Trendbewegungen, nach unten oder nach oben, die profitabel gehandelt werden konnten. Schaut man aber etwas genauer hin, stellt man schnell fest, dass sich das Paar die meiste Zeit eben nicht in einer Trendbewegung befand sondern schlicht seitwärts lief.

Ich habe einige dieser Seitwärtsphasen im Chart gelb markiert. Zählt man die Anzahl der Handelstage, in denen sich der Markt im „trendlosen Modus" befand, stellt man schnell fest, dass dies die übergroße Mehrheit der Tage betraf. Anders gesagt: Trends bilden die Ausnahmen, während Seitwärtsmärkte die Regel sind.

Nun könnte man mir den Vorwurf machen, dass ich bewusst eine Phase im EUR/USD ausgewählt habe, in der das Seitwärtsgeschiebe ganz ausgeprägt war.

Bild 2: EUR/USD, Tageschart, Juni 2014 –februar 2015

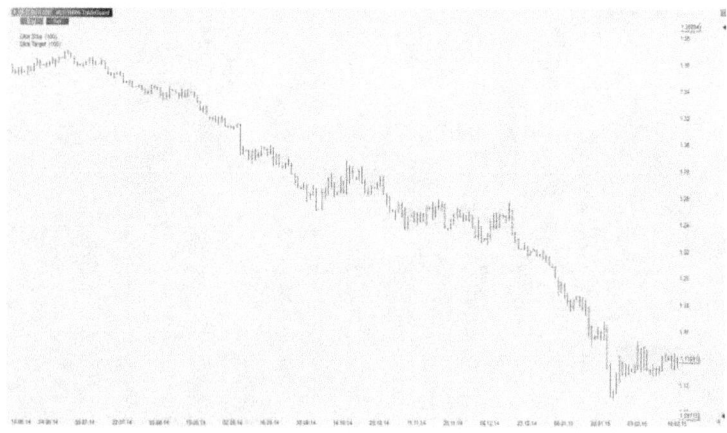

Wer die Periode Juni 2014 – Februar 2015 im EUR/USD betrachtet, wird zweifellos einen „Trend" feststellen, der eindeutig nach unten weist. Dies ist kaum zu leugnen. Schaut man etwas genauer hin, erkennt man, dass der EUR/USD auch hier an den meisten Handelstagen seitwärts verlief (gelbe Zonen im Chart). Die Tage, an denen der Markt eindeutig in die Trendrichtung verlief bilden klar die Minderheit.

Aus der Vogelperspektive betrachtet scheinen die Marktakteure das Paar eindeutig nach unten zu treiben, also zu verkaufen. Sie verkaufen den Euro und gehen gleichzeitig in den Dollar. Damit sich diese Orientierung auch wirklich auszahlte, brauchten Sie als Trader allerdings eine gehörige Portion Geduld. In einigen dieser Seitwärtsphasen während dieses „Trends" dauerte es über einen Monat bis sich der Markt wieder in die gewünschte Richtung bewegte.

Wer als Investor mittel- oder langfristig auf eine Aufwertung des Dollars gesetzt hatte, konnte eine solche Phase getrost aussitzen. Die Frage ist aber: können Sie sich dies auch als Trader leisten, der seinen Lebensunterhalt mit dem Traden von Währungen verdienen möchte?

Trotz dieses offenkundigen Befundes setzen die meisten kurzfristige Trading-Strategien auf das Trendfolge-Modell, obwohl es nachweislich schwer umzusetzen ist. Die meisten Trader, die ich kenne, sind mehr oder weniger auf der Suche nach einer größeren Bewegung. Egal, ob sie sich selbst als Daytrader, Scalper oder was auch immer bezeichnen.

Am Abend (oder am Wochenende), wenn am Markt alles gesagt oder getan ist, grübeln sie, warum sie es wieder nicht geschafft haben, diese oder jene Bewegung am Tage mitzunehmen, obwohl sie (im Nachhinein) offensichtlich erscheint.

Sie tun dies, weil sie in der Annahme sind, dass Sie ihre finanziellen Ziele am besten erreichen werden, wenn sie hin und wieder eine dieser größeren Bewegungen mitnehmen könnten. Dann, so sagen sie sich, werde ich als Trader erfolgreich sein.

Dass es im Stillen eine kleine spezialisierte Gruppe von Tradern gibt, die sich um die Trends nicht scheren, sondern genau das Gegenteil tun, nämlich die trendlosen Phasen traden, kommt ihnen nicht in den Sinn. Es ist auch verständlich. Wenn Sie als Anfänger einen Finanzchart betrachten, fällt Ihr Auge zunächst auf die großen Bewegungen, die hin und wieder stattfinden. Und Sie fragen sich: was muss ich tun, um von einer solchen Bewegung zu profitieren?

Interessanterweise beschäftigt sich auch die große Mehrheit der Trading-Literatur hauptsächlich mit dem Aufspüren von Trends. Dies gilt nicht nur für die Bücher, die sich ausdrücklich auf das Trend-Following (Trendfolgen) beziehen. Dies gilt aber genauso für die meisten der mir bekannten Bücher über Intraday- Trading. Obwohl kurzfristiges Trading ein ganz anderes Spiel ist als Trendfollowing oder Investieren geht es auch hier meistens darum, wie man die „großen" Intraday-Bewegungen mitnehmen kann. Wenn Sie sich mit Daytradern unterhalten, stellen Sie fest, dass die meisten von ihnen genau diese Frage umtreibt.

Es gibt aber eine Alternative zu dieser Art von Trend-Jagd. Ich nenne sie **Range-Trading**, obwohl es in ganz unterschiedlichen Varianten daherkommen kann. Bevor ich dieses Buch zu schreiben begann, habe ich mich in der Trading-Literatur etwas umgeschaut, was andere Trader zu diesem Thema zu sagen haben. Interessanterweise war fast kein Buch aufzutreiben, das sich explizit mit diesem Thema beschäftigt, obwohl Trading-Ranges oder Seitwärtsphasen nachweislich über 70 % des Marktgeschehens ausmachen!

Das einzige Buch, das sich auf dieses Thema explizit bezieht ist der etwas sperrige Titel von Al Brooks: „Trading Price Action Trading Ranges: technical Analysis of Price Charts Bar by Bar for the Serious Trader." Es ist 2012 bei Wiley erschienen und behandelt tatsächlich die hier angesprochene Problematik. Allerdings beschreibt Brooks in dem Buch mehrheitlich wie man Pullbacks auf und Ausbrüche (Breakouts) *aus* der Range traden kann. Wie man aber *die Range selber* tradet, wird in drei kurzen Kapitelchen schnell abgehakt.

Wie Sie sehen: das Trendfolge-Modell hat sich bei den meisten Tradern so tief ins Gehirn eingebrannt, dass sie gar nicht mehr anders denken können.

Um diesem Manko etwas abzuhelfen, habe ich mich entschlossen dieses Buch zu schreiben. Es handelt also nicht davon, wie man eine Range identifiziert um dann den Ausbruch aus dieser zu traden, sondern davon <u>wie man die Range selber tradet</u>.

Dass dies eine durchaus valable und höchst interessante Trading-Strategie sein kann, möchte ich in diesem Buch aufzeigen. Ich beabsichtige hier keineswegs Vollständigkeit. Die Idee, dass Seitwärtsmärkte möglicherweise viel interessanter als Trendmärkte sein könnten, ist mir erst nach und nach aufgegangen. Auch ich war von Trends fasziniert und wollte natürlich so viel wie möglich von ihnen profitieren. Dass Trend-Trading gar nicht so einfach ist, wie es auf den ersten Blick erscheint, wurde auch mir irgendwann klar. Eine Lösung hatte ich aber nicht parat. Ich bin einfach auf die Suche nach anderen Methoden gegangen, wie man den Trend traden kann. Und von denen gibt es tausende.

Wie man aber die Range selber handelt, darüber werden Sie viel weniger Literatur (eigentlich gar keine) finden. Hin und wieder findet man im Internet eine Seite, die das Thema behandelt. Leider wird überall meist das Gleiche gesagt: der Trader sollte die Unterstützung kaufen und den Widerstand verkaufen. Gut gebrüllt Löwe!

Aber wie identifiziert man Unterstützung und Widerstand? Wie zeichnet man Unterstützungs-Linien und Widerstandslinien korrekt, damit die Range identifizierbar wird? Welche Signale sollte man handeln und welche sollte man lieber sein lassen? Wie und wo steigt man aus der Range aus? Und was sollte man tun, wenn das Kursziel nicht erreicht wird?

Das sind die wirklichen Trader-Fragen, und dieses Buch beschäftigt sich ausgiebig mit ihnen. Ich wünsche dem Leser viel Freude bei der Lektüre!

2. Was ist ein Range-Markt?

Bild 3: Range-Markt

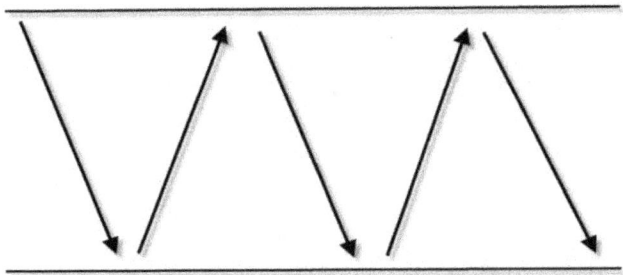

Bild 3 zeigt, einfach skiziert, worum es bei einem Range-Markt geht. Der Kurs wandert zwischen zwei Extrembereichen hin und her. Diese Bereiche nenne ich die Begrenzung der Range:

Obere Begrenzung (obere horizontale Linie): Widerstand

Untere Begrenzung (untere horizontale Linie): Unterstützung

Die Range gilt aber erst dann als identifiziert, wenn <u>wenigstens zwei Berührungen</u> sowohl oben als auch unten stattgefunden haben.

Bild 4, T-Note 10, Stundenchart, 19 bis 21 Juli 2017

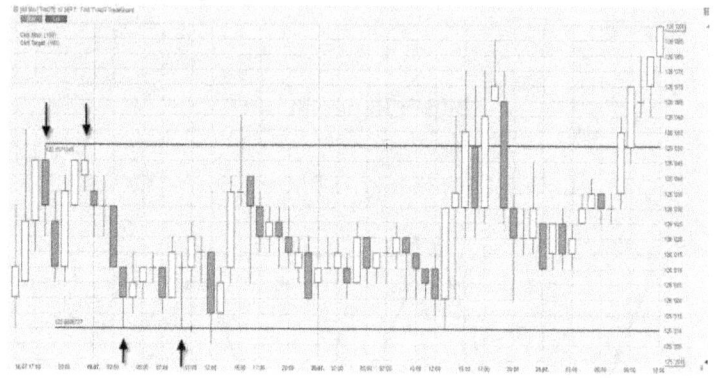

Bild 4 zeigt einen Screenshot des T-Note-Futures, des amerikanischen Futures auf die zehnjährigen Anleihen. Links im Chart habe ich die ersten zwei Berührungen oben und unten mit einem Pfeil gekennzeichnet. Nachdem die zweite Berührung unten stattgefunden hatte, existierte die Range. Generell kann man sagen, dass, je mehr Berührungen mit der Unterstützungslinie oder der Widerstandslinie stattfinden, desto bedeutsamer (oder stärker) wird die Range.

Und desto schwieriger wird es, sie wieder aufzulösen. Anders gesagt: es braucht eine Art Katalysator (wichtige Wirtschaftsnachrichten oder viel Geld) damit ein Ausbruch aus der Range gelingt. Dies geschah dann in dem obigen Beispiel auf der Oberseite (weiße Kerzen ganz rechts im Chart). Es gab allerdings am Tag davor einen ersten Versuch, der misslang. Nach wenigen Stunden fiel der Kurs zurück in die Range. Diese hatte also weiter Bestand. Wie man ein solches Szenario handelt, möchte ich im Buch besprechen.

Man könnte auch sagen, dass der Markt gleichsam gefangen ist zwischen einem Unterstützungs-Level (wo vermehrt Käufer auftauchen) und einem Widerstands-Level (wo vermehrt Verkäufer auftauchen). Die Kurse springen dann wie ein Pingpongball zwischen den beiden Bereichen hin und her.

So wie eine Range, einmal identifiziert, irgendwann beginnt, so endet sie auch irgendwann. Dies geschieht durch einen Ausbruch aus der Range, der Bestand hat. Wie bereits gesagt: es können mehrere Versuche geben aus der Range auszubrechen, die misslingen. Irgendwann gelingt es dann doch, und dann ist die Range Geschichte.

Es ist mir keine Methode bekannt wie man das Ende einer Range vorhersagen kann, genausowenig wie man den Verlauf der Kurse vorhersagen kann. Alles was man sagen kann ist, dass der Trader eines Tages feststellt, dass ein Ausbruch aus der Range gelungen ist und dass die Kurse nicht wieder in die Range zurückkehren.

Allerdings wird der aufmerksame Trader ebenso feststellen müssen, dass einmal aufgegebene Ranges nach einiger Zeit wieder aufgenommen werden können. Davon möchte ich in dem Buch einige Beispiele zeigen.

Die Grundidee des Range-Tradings besteht darin, im Bereich der Unterstützung Kaufpositionen zu eröffnen, die dann aufgelöst werden, sobald der Kurs die obere Begrenzung der Range erreicht hat. Umgekehrt können Trader Verkaufspositionen (Leerverkauf) eröffnen, die glattgestellt werden (der Trader kauft am Markt eine gleiche Anzahl von Kontrakten), sobald die Kurse die Unterstützungslinie erreichen.

Diese Strategie kann nach Belieben wiederholt werden, solange sich die Kurse innerhalb der Trading-Range befinden.

Die Vorteile dieser Herangehensweise liegen auf der Hand:

- Es gibt eine unbegrenzte Anzahl von Trading-Ranges auf allen Zeitebenen und in allen Finanzmärkten.

- Der Entry-Point und der Exit-Point (Kauf oder Verkauf) sind klar definiert: obere oder untere Begrenzung der Range.
- Das Kursziel ist immer die andere Seite der Range: für Kaufpositionen die obere Begrenzung, für Leerverkäufe die untere Begrenzung.
- Das Chance-Risiko-Verhältnis ist klar definiert. Der Trader weiß wieviel er mit dem Trade gewinnen kann. Liegt die andere Seite 100 Punkte vom Kaufpreis entfernt, so beläuft sich der maximale Gewinn auf 100 Punkte.
- Somit ist auch das Risiko klar definiert. Kann der Trader 100 Punkte gewinnen und will mit einem Chance-Risiko-Verhältnis von 1:2 arbeiten, dann muss sein Stop 50 Punkte unter dem Kaufpreis stehen.
- Range-Trading erzielt häufig Trefferquoten von über 50 %. Der Trader kann somit auch ein „schlechteres" Chance-Risiko-Verhältnis wählen und dennoch profitabel arbeiten.

Mit einem schlechteren Chance-Risiko-Verhältnis kann gemeint sein, dass er genau so viele Punkte riskiert wie er erzielen will. In dem obigen Beispiel könnte er sich dazu entschließen, den Stop 100 Punkte vom Entry zu setzen, auch wenn er lediglich ein Kursziel von 100 Punkten hat. In dem Fall arbeitet der Trader mit einem Chance-Risiko-Verhältnis von 1:1. Er bräuchte dann zumindest eine Trefferquote von 51% um profitabel handeln zu können (vor Gebühren).

Ich kritisiere das nicht. Es kann gute Gründe geben, weswegen sich ein Trader für ein solches Modell entschließt. Der Vorteil liegt auf der Hand: sein Stop wird weniger oft erreicht werden. Wenn er aber verliert, verliert er natürlich doppelt so viel wie im 1:2-Modell.

Es sollte aber nicht verschwiegen werden, dass die Range-Trading-Strategie, wie jede andere Strategie auch, **Nachteile** mit sich bringt:

- Der Gewinn ist von vornherein durch das klar definierte Kursziel begrenzt.

- Märkte halten sich beileibe nicht immer an bereits existierenden Range-Begrenzungen.
- Ausbrüche aus der Range, die entgegengesetzt zur Position des Traders geschehen, führen zu Verlusten.
- Das Kursziel wird nicht immer erreicht, was natürlich den Gesamtgewinn schmälert.
- Die Range ist nicht immer klar zu definieren.

All diese Punkte werde ich in diesem Buch zur Sprache bringen. Ich möchte ausführlich auf das Identifizieren von Ranges eingehen. Ferner will ich anhand mehrerer Beispiele die Problematik der falschen Ausbrüche aus Ranges thematisieren. Überdies will ich genauso ausführlich auf das Thema Chance-Risiko-Verhältnis eingehen, das auch bei Range-Trading eine große Rolle spielt. Schließlich resultiert ein Großteil des Trading-Erfolges aus der richtigen Zusammensetzung von Chance, Risiko und Trading-Opportunitäten. Warum diese Formel nun gerade bei Range-Trading ausgezeichnet einzusetzen ist, soll dann ein weiteres Ziel dieses Buches sein.

3. Schau nach links!

Bei den vielen Gesprächen die ich mit Tradern führen durfte, ist mir bei der Betrachtung von Charts immer wieder aufgefallen wie wenige von ihnen nach links schauen. Was ist damit gemeint?

Die Zeitlinie verläuft auf einem Finanzchart immer von links nach rechts (in China, habe ich mir erzählen lassen, soll es umgekehrt sein, aber das ist natürlich ein Trader-Witz!). Wenn wir also wissen wollen, was in der Vergangenheit passiert ist, sollten wir also nach links schauen.

Natürlich können wir auf Grund des Preisverlaufs auf der linken Seite des Charts den künftigen Preisverlauf nicht vorhersagen, so wünscheswert dies auch wäre. Dennoch gibt es so etwas wie ein **Markt-Gedächtnis**. Das heißt: die Marktakteure scheinen sich an markanten Preislevels (meist Hochs und Tiefs) der vergangenen Tage zu „erinnern". Mit „erinnern" ist lediglich gemeint, dass, sobald der Markt ein solches Level wieder aufsucht, die Trader ein solches Level als mehr oder weniger bedeutsam empfinden. Kein Wunder, denn diese Levels sind so ziemlich das einzig Greifbare inmitten eines Chaos an Daten, die scheinbar richtungslos über den Bildschirm laufen.

Hat zum Beispiel der EUR/USD am Vortag bei 1,1420 ein Hoch gebildet, kann man davon ausgehen, dass die Marktakteure sich daran erinnern, sobald der Markt am Folgetag dieses Level wieder erreicht. Unausgesprochen steht dann die Frage im Raum: Wird der Markt hier wieder nach unten drehen? Oder gehen wir heute über dieses Level hinaus? Das Gleiche gilt natürlich für markante Tiefs.

Solche signifikante Levels können mehrere Tage, sogar Wochen alt sein. In einzelnen Fällen „erinnert sich" der Markt an wichtige Drehpunkte, die schon Monate früher stattgefunden haben. Dies ist sicher der Fall bei bedeutenden Richtungsentscheidungen eines Marktes wie Zins-Entscheidungen einer Zentralbank, politische Wahlen oder sonstige Entscheidungen, die die Wahrnehmung eines Marktes fundamental ändern können. Auf solche Levels sollte der Trader auf jeden Fall achtgeben. Sie werden nicht einfach so aus dem Markt genommen.

Die Schwierigkeit beim Ziehen von horizontalen Linien im Chart, die diese Levels sichtbar machen, liegt natürlich in der Interpretation dessen, was wichtig ist und nicht. Manchmal muss der Trader auch Korrekturen vornehmen, weil das Preisgeschehen ein anderes Level wichtiger zu nehmen scheint als das, was der Trader zunächst favorisiert hat. Es ist nun wirklich keine Schande, wenn man eine Linie im Chart gezogen hat, die ohne Konsequenzen bleibt, während ein anderes Level, das man übersehen hat, ständig berührt wird.

Obwohl ich das nun seit Jahren mache, liege ich selber hin und wieder falsch und muss nachkorrigieren. Auch hier scheint Mr. Market gern mit den Erwartungshaltungen der Teilnehmer zu spielen. Man sollte sich von der Idee verabschieden, dass es sich hier um eine exakte Wissenschaft handelt.

Bild 5: EUR/USD, 4-Stundenchart, 12. Juni bis 12. Juli 2017

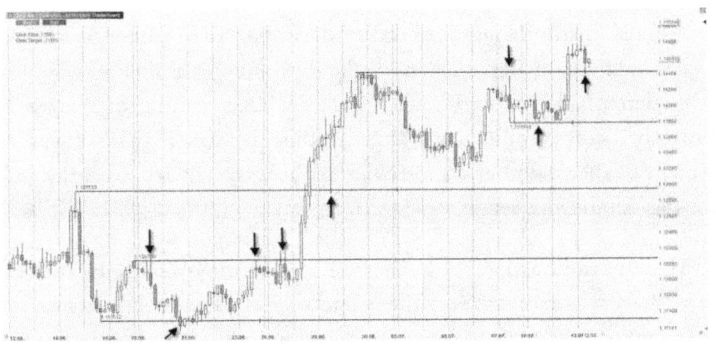

Als Beispiel für den Sinn von „schau im Chart nach links" möge hier einen Ausschnitt aus dem EUR/USD von Juni 2017 gelten. Die Pfeile zeigen Preislevels an, an denen sich der Markt an signifikante Hochs oder Tiefs der vergangenen Tage erinnert hat. In manchen Fällen drehte der Markt sogar punktgenau, sobald er das alte Preisniveau erreicht hatte. In anderen Fällen schoss er gern mal übers Ziel hinaus, um dann brav zurückzukehren und in die Gegenrichtung zurückzurudern.

Anders gesagt: Märkte bauen sich gern so auf, dass sie, bevor es weiter geht, zunächst zurückkehren zu alten Preislevels, die eigentlich schon überwunden schienen. Solche Rücksetzer können natürlich von gewieften Tradern gehandelt werden, aber dies ist nicht das Thema des Buches.

Natürlich kann man auch ohne dieses Wissen traden. Aber wenn Sie vorhaben, sich mit Range-Trading zu beschäftigen, dann sollte das „Schau nach links!" zu einer Ihrer Maximen werden. Denn oft werden Sie links im Chart etwas finden, auf das sich das jetzige Geschehen bezieht. Ist das nicht wertvolle Information?

Nun ist das „Schau nach links" keine Zauberformel, die Ihnen nur Gewinne an der Börse bescheren wird. Diese Methode hilft Ihnen allerdings das „Spielfeld" besser zu identifizieren, auf dem aktuell gespielt wird.

Gerade beim Range-Trading ist dies aber von großer Wichtigkeit, denn sobald Sie in der Lage sind, die Begrenzungen des Spielfeldes zu identifizieren haben Sie womöglich auch die Entry- und Exit-Punkte ihrer künftigen Trades gefunden. Range-Trading ist im Grunde etwas sehr Einfaches. Aber damit es einfach wird, sollten Sie zunächst auf der linken Seite des Charts klar sehen.

Haben Sie einmal gelernt, auf diese signifikanten Drehpunkte acht zu geben, haben Sie zumindest die Chance, das aktuelle Marktgeschehen besser einzuschätzen. Sie können es damit immer noch nicht vorhersagen

– das kann niemand – aber Sie sind in der Lage eine realistische Einschätzung zu formulieren, wohin die Reise gehen könnte. Gelingt es Ihnen, in etwas mehr als 50 % der Fälle auch richtig zu liegen, steht einem profitablen Trading-Business nichts mehr im Wege.

Damit Sie dazu in der Lage sind, sollten wir uns zunächst damit beschäftigen wie man horizontale Unterstützungs- und Widerstandslinien korrekt zeichnet.

4. Wie zeichne ich korrekte Unterstützungs- und Widerstandslinien?

Wie horizontale Unterstützungs- und Widerstandslinien korrekt gezeichnet werden sollten, darüber herrscht manchmal eine richtige Verwirrung in der Trader-Community. Außerdem gibt es auch falsche Vorstellungen, wie dies gemacht werden soll. Ich möchte hier von meiner Seite versuchen, einige Missverständnisse aus dem Weg zu räumen.

Nun habe ich im vorigen Kapitel „Schau nach links!" die Bedeutung von wichtigen Swing-Hochs oder Swing-Tiefs herausgearbeitet. Diese Levels sollte der Trader auf jeden Fall in seinen Überlegungen berücksichtigen.

Die Praxis zeigt aber, dass „der Markt" solche Levels nicht immer 100 % genau respektiert. Wenn ein Preislevel als signifikant einzustufen ist, bedeutet dies lediglich, dass in etwa um dieses Level herum viele Kontrakte die Eigentümer wechseln werden. Das heisst, eine Menge Trader werden Positionen schließen oder von Short auf Long wechseln und umgekehrt.

Man kann von daher eher von **Unterstützungszonen** und **Widerstandszonen** als von Unterstützungslinien oder Widerstandslinien reden. Ein Beispiel aus dem Eurostoxx50-Future (FESX) mag dies verdeutlichen.

Bild 6: FESX, Stundenchart, 10.11.2016 bis 6.12.2016

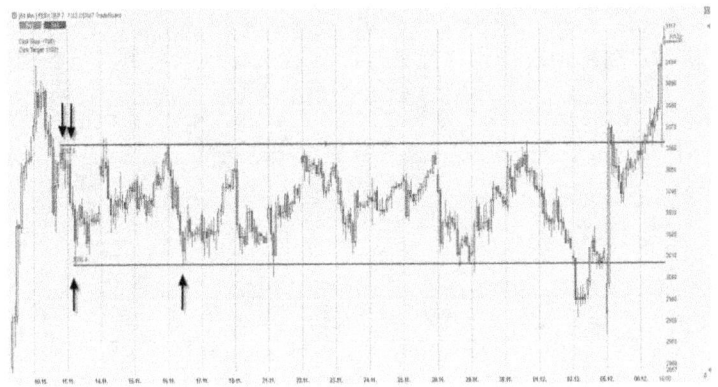

In diesem Beispiel im Eurostoxx-Future habe ich die beiden Linien „superkorrekt" gezeichnet. Das heisst, ich habe oben die ersten zwei Hochs der Range (bei 3062 Punkten) und unten die zwei Tiefs (bei 3007 Punkten) miteinander verbunden. Auf den ersten Blick sieht diese Zeichnung ganz ordentlich aus. Ich habe die Range ziemlich gut erfasst. Schaut man aber genauer hin sieht man, dass es auf dieser Zeichnung bei vielen Drehpunkten gar nicht zu einer Berührung mit der Linie gekommen ist. Dies ist sowohl unten bei der Unterstützung der Fall und sicher oben beim Widerstand.

Der Markt hatte also eine etwas andere Auffassung wo diese Levels lagen im Laufe der Zeit als ich mit meiner hyperkorrekten Darstellung angenommen hatte. Deswegen ist es auf gar keinen Fall falsch, wenn Sie ihre Linien mit der Zeit den realen Begebenheiten des Marktes anpassen und nicht erwarten, dass der Markt Ihre Levels respektieren wird, was er eh nicht tut. Deshalb habe ich meine Linien etwas angepasst. Das Ergebnis sieht dann folgendermaßen aus:

Bild 7: FESX, Stundenchart, 10.11.2016 bis 6.12.2016, zweiter Versuch

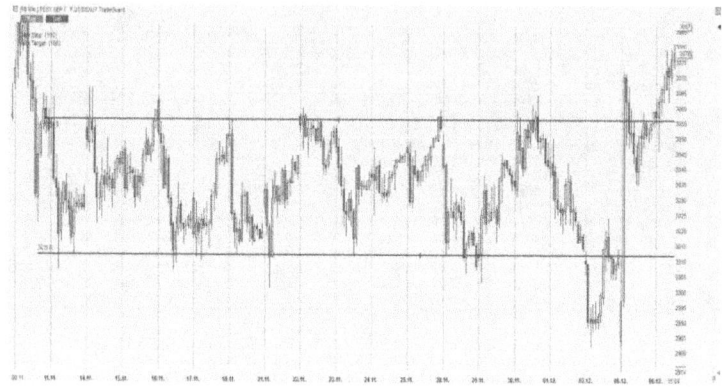

Sie sehen bei dieser Anpassung der Linien, dass die Range etwas enger geworden ist. Die Widerstandslinie liegt nun bei 3055 und die Unterstützungslinie bei 3011 Punkten. Ich habe sogar das Sakrileg begangen, meine Linie durch sämtliche Schatten und sogar Kerzenkörper zu ziehen.

Fakt ist aber, dass bei dieser Darstellung viel mehr Berührungen zustande gekommen sind als bei der ersten Darstellung. Allein an der Unterstützung gibt es jetzt 13(!) Berührungen. Es spricht also für sich, dass der Markt das Level 3011 offenbar als signifikanter eingestuft hatte mit der Zeit als das erste Tief bei 3007 (Tief vom 11.11.2017).

Nun ist die Differenz zwischen 3007 und 3011 wahrlich nicht groß, und das ist der Grund, weshalb ich hier von Unterstützungszonen spreche. In etwa in diesem Bereich gab es in dieser Persiode vermehrt Käufer als Verkäufer, weswegen der Markt hier meist wieder nach oben gedreht hat. Weil dies im Laufe der Zeit immer öfter bei 3011 als bei 3006 geschah, habe ich dann auch die Linie angepasst. Nicht mehr aber auch nicht weniger.

Wie Sie sehen ist das Zeichnen von „korrekten" Linien eher eine Frage von gesundem Menschenverstand. Beim Widerstand oben gab es bei der ersten Darstellung kaum Berührungen. Der Markt drehte offenbar schon früher, nicht bei 3062, wie zunächst vermutet, sondern schon bei 3055. Wenn Sie das als Trader nicht ernst nehmen, kommen Sie natürlich nie zu einem Trade.

5. In welchen Märkten kann man Range-Trading betreiben?

Antwort: in allen.

Es gibt natürlich gewisse Risiken, über die der Trader Bescheid wissen sollte, bevor er anfängt. Gaps (Kurslücken) zum Beispiel sind in allen Märkten ein Thema. Sie entstehen immer, sobald ein Markt irgendwann schließt und am nächsten Tag (oder am nächsten Montag nach einem Wochenende) wieder öffnet.

In der Regel sind die Gaps klein und werden das Ergebnis des laufenden Trades nur wenig beeinflussen. Hin und wieder treten größere Gaps auf. Diese können natürlich zu Gunsten des Traders auftreten oder zu seinen Ungunsten. Extreme Ereignisse an der Börse werden manchmal durch äußere Katalysatoren ausgelöst (Terroranschläge, Erdbeben, unerwartete Ausgänge von Wahlen oder Volksbefragungen wie z.B. der Brexit). Sie sind nur sehr schwer oder fast nicht vorherzusagen.

In neuerer Zeit geschehen solche Ereignisse auch, ohne das es einen bekannten Katalysator gibt. Dies war zum Beispiel bei dem sogenannten Flash Crash vom 6. Mai 2010 der Fall, als der SP500 und der Dow Jones Index innerhalb von Minuten fast 10 % in die Tiefe rauschten. Ich erinnere mich an den Tag noch sehr gut, denn ich hatte eine kleine Short-Position im EUR/JPY. Ich konnte meinen Augen kaum glauben, als ich feststellte, dass meine Position auf einen Schlag über 900 Pips im Gewinn stand. Ich hatte an dem Tag also „Glück." Ich stand sozusagen auf der richtigen Seite des Geschehens.

Hätte ich eine Long-Position im EUR/JPY gehabt, hätte mein Stop gegriffen. Ich hätte vermutlich auf Grund der extremen Volatilität an diesem Tag einen schlechteren Preis bekommen, aber meine Position wäre aus dem Markt geholt, bevor es zu größeren Verlusten kommen konnte.

Währungen

Wer also weder Gaps aussitzen mag oder von sonstigen extremen Ereignissen betroffen sein möchte, dem kann ich das ausschließliche Range-Trading mit Währungen empfehlen. Forex-Märkte werden 24 Stunden gehandelt. Es gibt also keine Overnight-Gaps zu befürchten. Trades sollten dann vor dem Wochenende geschlossen werden, um das Risiko von Wochenend-Gaps auszuschließen. Im Übrigen kann man am Sonntag-Abend oder Montagmorgen den Trade problemlos wieder öffnen, sollte das Szenario, von dem man ausgegangen ist, immer noch gültig sein. Viele Trader tun genau das.

Aktien

Der Vorteil von Range-Trading in Aktien ist, dass Trading-Ranges hier lange anhalten und von daher sehr profitabel gehandelt werden können. Wenn ein Investor immer wieder zu verkaufen beginnt, sobald eine Aktie ein bestimmtes Preis-Niveau erreicht, wird sich dort eine Widerstands-Zone einstellen. Ein kluger Range-Trader, der dies beobachtet, kann von diesem Umstand profitieren.

Dieses Phänomen ist natürlich auch auf der Unterseite zu sehen. Manchmal „fängt" ein großer Käufer eine Aktie zu einem bestimmten Preis immer wieder auf. Hier entsteht dann eine Unterstützungs-Zone. Solche Levels können wochenlang anhalten, bis „der Käufer" irgendwann aufhört zu kaufen und das Papier zu steigen oder zu fallen beginnt.

Nachteile von Aktien sind die Overnight-Gaps, die mitunter extrem ausfallen können. Sie sind oft viel größer als in den anderen Märkten. Ich selbst hatte mal eine Long-Position im Papier des deutschen Software-Herstellers SAP. Vor der Markt-Eröffnung kam die Nachricht eines Umsatz-Einbruchs in den USA. Die Folge: das Papier eröffnete mit einem

Abschlag von über acht Prozent. Es entstand ein ordentlicher Verlust, und leider helfen einem bei Overnight-Gaps auch keine Stop-Loss-Orders.

Dieser Vorfall hat mich vom Trading in Aktien absehen lassen. Aber wie gesagt: dies ist meine Entscheidung. Auf längerer Sicht gleicht sich der Impakt von solchen extremen Ereignissen aus. Es liegt an dem Trader zu entscheiden, ob er solche Ausreisser (zu seinen Gunsten oder Ungunsten) in Kauf nehmen will oder nicht.

Ich habe für mich entschieden, dass Aktien für kurzfristiges Trading keine guten Instrumente sind, auch wenn sie gelegentlich sehr profitabel sein können. Ich halte es lieber mit sehr liquiden Märkten, deren Overnight Gaps selten über 1 % ausfallen.

Futures

Die meisten professionellen Trader, die ich kenne, traden Futures. Das hat einen guten Grund. Futures sind sehr faire und liquide Finanzinstrumente. Das heißt: man bekommt in aller Regel eine faire und gute Ausführung. Dies gilt sowohl für das Entry, den Exit und auch für Stop-Loss-Orders. Phänomene wie Slippage (schlechtere Ausführungen als beabsichtigt) treten hier eher selten auf, wenn überhaupt nur an sehr volatilen Tagen.

Deswegen sind zum Beispiel Index-Futures, wie der E-Mini, Mini-Dow, FDAX oder Nikkei 225 Future gute Trading-Vehikel um diese Strategie durchzuführen. Ich empfehle aber durchaus, dass der Trader den ökonomischen Kalender im Blick hat. Gerade bei Zinsentscheiden der Zentralbanken kann es schon mal sehr volatil werden.

Range-Trading kann selbstverständlich auch mit Zins-Futures (Bonds) und mit Rohstoff-Futures betrieben werden. Aber auch hier sollte der Trader natürlich darauf achten, wann wichtige Nachrichten zu erwarten sind. Gerade bei Rohstoffen können die Ausschläge hoch ausfallen, vor allem dann, wenn der Rohstoff-Future sich über längere

Zeit in einer Range aufgehalten hat. Oft ist es klüger, die Position vor der Veröffentlichung der News zu schließen.

6. Wie handelt man eine Range konkret?

In Kapitel 4 habe ich mich mit der Frage beschäftigt, wie eine **horizontale Range** im Chart überhaupt identifiziert werden kann. Diese Frage zu beantworten ist an sich nicht immer leicht, denn in manchen Fällen bleiben Interpretationsspielräume offen. Es liegt dann schließlich am Geschick (oder an der Erfahrung) des Traders, ob er eine Range als solche tatsächlich anerkennt oder nicht.

Finanzmärkte sind und bleiben chaotische Gebilde, und niemand wird je mit Sicherheit sagen können, was sich im Augenblick gerade abspielt. Im Hintergrund spielt sich bekanntlich alles Mögliche ab, und unerwartete Ereignisse (Wirtschaftsnews, Zentralbank-Entscheidungen) können gerade eben festgestellte „Unterstützungen" und „Widerständen" in Sekundenschnelle verpulvern, als seien sie nie dagewesen.

Diese Tatsache sollte der Trader immer im Blick haben, gerade dann, wenn etwas auf dem Chart so offensichtlich erscheint, dass es sich wie eine direkte Einladung zu traden anfühlt. Die Arbeit mit sinnvollen Stop-Los-Orders ist hier wie sonst wo obligatorisch, allein schon um das Konto vor übergroßen Verlusten zu schützen.

Es muss jedem Trader klar sein, dass, egal, was er auf einem Chart sieht oder zu sehen meint, es letztlich immer nur eine Interpretation der Wirklichkeit ist. Wer eine Linie in einem Chart hineinzeichnet, verfügt beileibe nicht über die Autorität zu sagen: „bis hier und nicht weiter!"

Es kann bekanntlich immer weiter gehen, selbst wenn es absurd erscheint. Das beste Beispiel ist der aktuell laufende Bullenmarkt (Stand August 2017) in den amerikanischen Aktienindizes. Seit Monaten (Jahren) prophezeien Crashpropheten das „Ende" dieses Bullenmarktes. Nun, irgendwann wird er zu Ende gehen, keine Frage. Es könnte aber sein, dass er viel länger anhält, als es die Crashpropheten für wahr halten möchten. Dafür gibt es genügend historische Beispiele.

Trader leben daher lediglich von der Gnade der Wahrscheinlichkeit. Die Wahrscheinlichkeit ist höher, dass der Markt auf Grund von vorangegangenen Drehpunkten an dieser Stelle wieder drehen wird. Er muss es nicht, aber die Daten im Chart deuten auf eine erhöhte Wahrscheinlichkeit hin. Zwar muss es nicht diesmal so sein, aber wer dieses Szenario wiederholt beobachtet, stellt fest, dass dies in der Mehrheit der Fälle so war (50 % + ...).

Ein Trader ist demnach ein Mensch, der wiederholt kalkulierte Risiken eingeht, von denen er weiß, dass sie einen (kleinen) statistischen Vorteil in sich tragen. Dieser statistische Vorteil ist es, der irgendwann nach einer Reihe von Trades die Differenz zwischen Gewinn und Verlust ausmachen wird. Mehr ist Trading nicht.

In Bezug auf Range-Trading lässt sich genau dasselbe sagen. Ein Range-Trader ist jemand, der auf Grund von Beobachtung davon ausgeht, dass die obere und untere Begrenzung der Range von den Marktakteuren mehrheitlich respektiert werden wird (bis zum Tag des gelungenen Ausbruchs aus der Range).

Geht der Range-Trader von dieser Annahme aus, macht es Sinn, das Geschehen an den Begrenzungen der Range genau zu beobachten in der Hoffnung, Anhaltspunkte zu finden, die diese Annahme bestätigen oder verstärken. Da in den obigen Beispielen manche der Signale auf dem Stundenchart nicht bestätigt waren, sollte der Trader den Chart auf einen niedrigeren Time Frame schalten.

Wenn zum Beispiel ein Markt im Stundenchart eine Widerstandslinie berührt (oder kurzfristig überschreitet) macht es Sinn im 30-Minuten-Chart oder im 15-Minuten-Chart zu schauen, ob sich vertretbare und handelbare Anhaltspunkte finden lassen, die einen Trade rechtfertigen. Es ist von daher obligatorisch, dass der Trader ein deutlich **erkennbares Signal** abwartet, bevor er die Limit-Order platziert.

Mit *Signal* ist gemeint, dass der Markt in irgendeiner Form zu erkennen geben muss, dass er vorhat, den Widerstand oder die Unterstützung zu respektieren. Gelegentlich wird der Markt zum Beispiel die Unterstützung punktgenau berühren, um dann gleich wieder nach oben zu drehen. Dies wäre im Prinzip ein Signal, aber da der Markt an der Unterstützung kaum verharrt, hat der Trader nicht die Zeit, einen Trade in Erwägung zu ziehen. Hier auf den fahrenden Zug zu springen verbietet sich, denn bei der Range-Strategie geht es gerade darum, in aller Ruhe, kalkulierte Trades einzugehen.

Durchbricht der Markt die Unterstützung nach unten und verbleibt dort mehrere Stunden, ist auch dies nicht als Signal zu betrachten. Erst wenn der Markt die Unterstützung nach einigen Stunden zurückerobert, kann von einem Signal die Rede sein. Denn dann zeigt sich, dass die Verkäufer zwar versucht haben, den Markt nach unten zu drücken, dies ihnen offensichtlich nicht gelungen ist. Diese Tatsache würde für mich eine Kaufposition mit Kursziel Widerstand rechtfertigen. Um ein solches Signal noch klarer zu zeigen, schauen wir uns ein Beispiel im EUR/JPY genauer an.

Bild 8: EUR/JPY, Stundenchart, 11.06 bis 13.06.2017

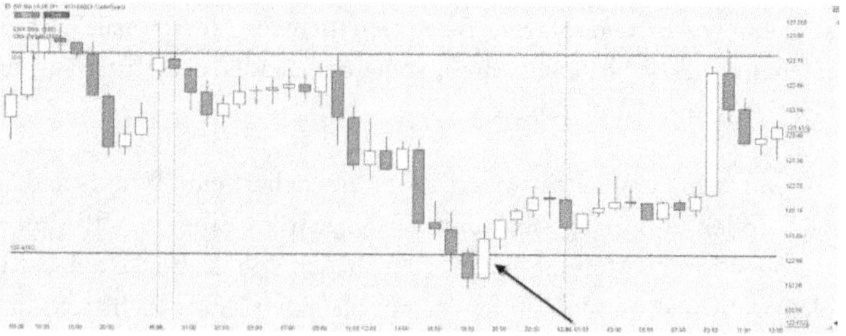

In diesem Beispiel im Stundenchart des EUR/JPY ereignete sich genau das vorhin erwähnte Szenario. Das Paar nähert sich der Unterstützung und unterschreitet diese kurzfristig (rote Kerze unter der horizontalen Linie unten). Die nächste Kerze ist dann wieder bullisch und hat einen Schlusskurs über der Unterstützungslinie (Pfeil unten). Die Käufer haben das Zepter wieder in die Hand genommen und kontrollieren erneut den Markt. Die Existenz der Range ist somit bestätigt.

Da der Trader aus Gründen des Risikomanagements nicht nach Beendigung der bullischen Stundenkerze kaufen kann (denn dann würde er einige Pips über der Unterstützung kaufen müssen), muss er das Geschehen auf einer niedrigeren Zeitebene beobachten.

Man kann diese Herangehensweise kritisieren, weil der Trader die beobachtete Zeitebene (Stundenchart) verlässt und das Signal auf einer niedrigeren Zeitebene sucht, aber es gehen zu viele Trades verloren, wenn man darauf verzichtet.

Der Trader sollte sich aber darüber im Klaren sein, dass, je niedriger er die Zeitebene wählt, desto unbedeutender die Signale werden. Zusammengefasst könnte man folgende Herangehensweise empfehlen:

Signalchart:	Entry-chart
Tageschart:	4-Stundenchart, Stundenchart
4-Stundenchart:	Stundenchart, 30-Minutenchart
Stundenchart:	30-Minutenchart, 15-Minutenchart

Es macht also für mich keinen Sinn, wenn der Trader zum Beispiel auf einem 4-Stunden-Chart ein Signal identifiziert, um dann auf dem 5-

Minuten-Chart nach einem Entry zu suchen. Das Entry für diese Zeitebene sollte also auf nächstniedrige, also auf dem Stundenchart oder allenfalls auf dem 30-Minuten-Chart gefunden werden.

Bild 9: EUR/JPY, 15-Minutenchart, 12.06.2017

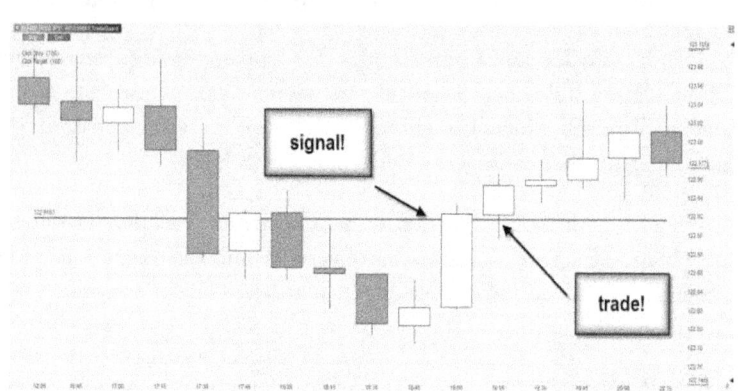

Im 15-Minutenchart konnte das oben erwähnte Beispiel im EUR/JPY klar identifiziert werden. Man sieht wie das Paar nach dem Bruch der Unterstützung (links im Chart) einige Kerzen unter der Unterstützungslinie verweilte. Dann aber eroberte eine weiße Kerze die Linie erneut (Signal!). Erst dann ist das Signal eindeutig identifiziert und nach dem letzten Kursschluss dieser Kerze kann der Trader eine limitierte Kauforder an der Unterstützungslinie platzieren.

Meine Entry-Kriterien beim Range-Trading sind also relativ streng. Der Grund ist einfach. Da eine Range nur ein eingeschränktes Kursziel beinhaltet (und also ein begrenztes Gewinn-Potenzial), will ich diesen potenziellen Gewinn nicht auch noch dadurch schmälern, dass ich einige

Punkte oder Pips über der Begrenzung kaufe, weil irgendeine Kerze auf einem Chart zufälligerweise etwas höher geschlossen hat.

Ich platziere aus Gründen des Risikomanagements meinen Trade exakt zum Preis, wo die Unterstützungslinie verläuft. Ich will diesen Preis haben und keinen anderen. Denn der Trader bekundet damit, dass er <u>nach seinen Regeln</u> zu spielen gedenkt und nicht nach dem, was ihm der Markt gerade vorgaukelt.

In dem obigen Beispiel unterschritt die nächste Kerze auf dem 15-Minuten-Chart dann nur noch kurzfristig die Unterstützungslinie, was in aller Regel bedeutet hätte, dass die Order auch ausgeführt wurde. Der Trader hat erst ab diesem Augenblick eine Long-Position.

Hätte der Markt die Unterstützungslinie nicht mehr berührt und wäre gleich nach oben geschnellt, dann wäre die Order nicht ausgeführt worden. Dies geschah zum Beispiel im nächsten Beispiel.

Bild 10: EUR/JPY, 15-Minutenchart, 13.06.2017

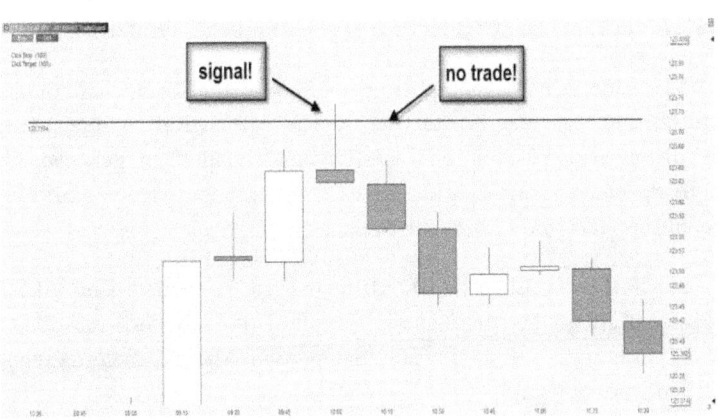

In diesem Beispiel erreichte (und überschritt) der Markt die obere Begrenzung der Range. Gleichzeitig sank der Kurs wieder in die Range zurück und löste somit im 15-Minutenchart ein Short-Signal aus. Der Trader konnte eine limitierte Verkaufsorder an der Widerstandslinie (horizontale Linie oben) platzieren.

Leider wurde diese Order nicht ausgeführt. Die nächste Kerze eröffnete einige Pips unter der Widerstandslinie und schloss tiefer, ohne die Widerstandslinie berührt zu haben: no Trade!

Der Markt steuerte daraufhin erneut die untere Begrenzung der Range an. Dies war natürlich umso „ärgerlicher", weil der EUR/JPY am Tag darauf das Kursziel bei der Unterstützung erreichte. Es „wäre" also ein profitabler Trade gewesen, „hätte" man ihn getradet. „Hätte" und „wäre" sind aber Verben, die ein Trader am besten aus seinem Vokabular streichen sollte. Wie Bild 10 anschaulich zeigt, waren zwar die Bedingungen für den Trade erfüllt, es kam aber nicht zur Ausführung der Order.

Ich weiß, dass nicht wenige Trader diesen Trade dennoch genommen hätten. Sie hätten dann natürlich einen schlechteren Preis im Kauf nehmen müssen. Damit öffnet man der Schlamperei Tür und Tor.

Man kann es nicht genug betonen: erfolgreiches Traden hat vor allem damit zu tun, dass der Trader <u>nach seinen eigenen Regeln spielt</u>. Tut er dies nicht, mag ihm hin und wieder ein Schnäppchen gelingen, aber langfristig unterminiert er seine eigene Psyche, indem er den Markt über sein eigenes Tun und Lassen entscheiden lässt.

Ich hoffe, Sie sehen den fundamentalen Unterschied! Entweder Sie lassen sich vom Markt treiben wie ein Schiff ohne Steuermann oder Sie selbst bestimmen wie und wann Sie in den Markt gehen und unter welchen Bedingungen.

Dies bedingt natürlich eine gewisse Härte, die man sich aneignen muss, damit man auch das Verpassen solcher scheinbarer Chancen akzeptieren lernt. Manchmal gibt Ihnen der Markt etwas und manchmal nimmt er Ihnen etwas. Darüber haben Sie als Trader keine Kontrolle. Was Sie sehr wohl kontrollieren können, sind die Bedingungen, zu denen Sie bereit sind zu agieren oder nicht. Sind die Bedingungen erfüllt, dann handeln Sie. Sind sie nicht erfüllt, dann halten Sie die Hände still.

Diese Empfehlung ist leicht gesagt. Ich weiß aus eigener Erfahrung, wie schnell man geneigt ist, einer scheinbaren Chance hinterherzurennen. Wenn man es einmal tut, ist dies längst noch kein Beinbruch. Tun Sie es aber wiederholt, wird es irgendwann zu einer (schlechten) Gewohnheit. Diese führt dann irgendwann zu schlechten Ergebnissen. In letzter Konsequenz geben viele dem Markt die Schuld, dass Trading nicht funktioniert. Leider ist der Friedhof der gescheiterten Trading-Existenzen ziemlich groß, und wenn ich mit diesem Buch auch nur einen Trader davon abhalten kann, impulsives Trading zu betreiben, dann ist schon viel getan.

Gerade beim Range-Trading ist limitiertes Ordern sehr wichtig, weil es sehr wohl auf jeden Punkt oder jeden Pip ankommt. Gehen Sie zum Beispiel mit einer Markt-Order in den Markt aus Angst, Ihnen könnte der Trade entgehen, werden Sie in der Regel einen schlechteren Preis bekommen. Welcher Kaufmann geht so auf Einkaufstour!

Da aber die Order beim Traden lediglich einen Klick entfernt ist, ist die Gefahr groß, dass Sie impulsiv traden und schlechtere Preise in Kauf nehmen.

Ich habe einen Freund, der einen Handelsbetrieb in Fruchtsäften hat. Ich fragte ihn einmal, was denn so ein LKW mit Erdbeeren kostet, wenn er diese Order aufgibt. Die Antwort lautete: etwa achttausend Euro. Glauben Sie nun im Ernst, dass es meinem Freund egal ist, wenn er einen LKW mit Erdbeeren durch halb Europa schickt, ob der Preis bei 8100 oder bei 7950 liegt? Ich kann Ihnen sagen, es ist ihm bei Gott nicht egal. Jeden Euro, den er einsparen kann, wird er einsparen, sonst wird eben nicht gekauft.

Diese kaufmännische Haltung sollte ein Trader in meinen Augen ebenfalls haben. Limitiert handeln heißt: dies ist der Preis, den ich bereit bin für die Ladung zu zahlen, sonst wird nicht gekauft!

Dass Ihnen bei diesem „Geiz" hin und wieder ein Geschäft durch die Lappen gehen wird, ist doch selbstredend. Vergessen Sie aber nicht: der Gewinn wird beim Einkauf gemacht. Seien Sie also durchaus knauserig.

Bild 11: Mais-Future (Corn), 4-Stunden-Chart, 16.03 bis 7.06.2017

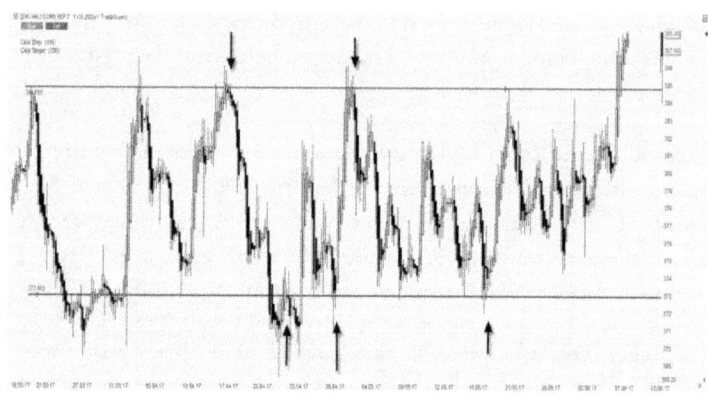

Manchmal lohnt es sich, über die traditionellen Trading-Märkte hinaus zu schauen und wird bei „unkonventionellen Märkten", wie bestimmten Rohstoffen fündig. Dies war zum Beispiel der Fall im Mais-Future (Corn) von März bis Juni 2017. Rohstoffmärkte neigen im Übrigen gern dazu, länger in einer Trading-Range zu verharren. Wenn keine relevanten Nachrichten die Fundamentalsicht der Marktakteure ändert, gibt es auch keinen Grund für Trends.

In diesem Fall pendelte Mais 3 Monate lang zwischen 384 und 372 $. Nicht gerade viel auf den ersten Blick aber ausreichend für einen Futures-Trader. Nachdem die Range einigermassen sichtbar wurde (ich musste an den Linien mehrere Korrekturen vornehmen) gab es vier glasklare Signale, die alle ihre Kursziele erreichten. In diesem Fall hatte ich die Heikin Ashi-Darstellung des Charts zur Hilfe genommen.

Bild 12: Mais-Future (Corn), Stundenchart, 16.03 bis 7.06.2017

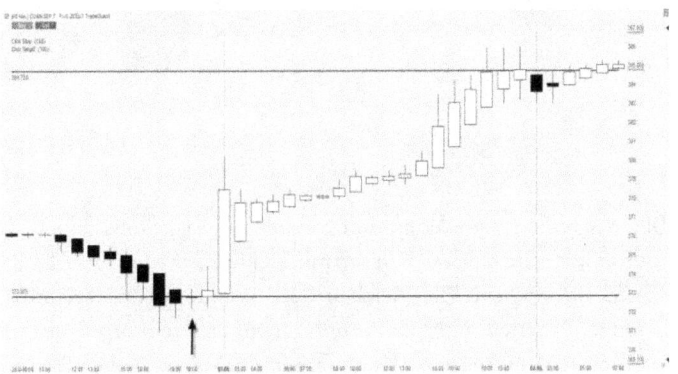

Als ich auf die kürzere Zeitebene des Stundencharts herunterschaltete gab es eine interessante Situation an der Unterstützung. Man sieht eine Abwärtswelle (schwarze Candles links), die in eine kurze Unterschreitung der Linie führte. Nach einer weiteren Candle, die kein neues Tief bildete, zeichnete der Markt exakt an der Unterstützungslinie einen Doji (Pfeil unten).

Bild 13: Dojis und Spinning Tops

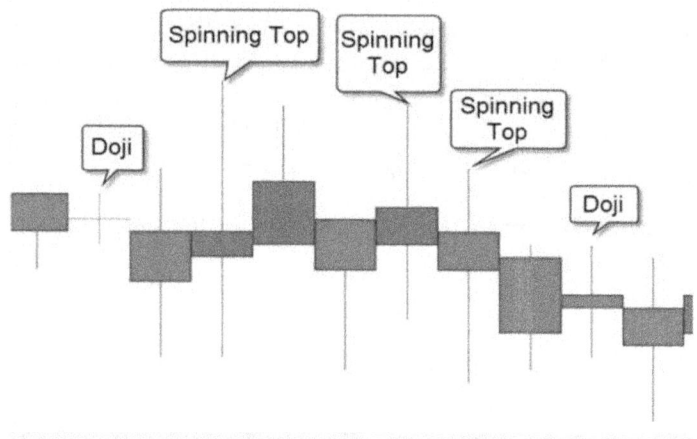

Bild 13 zeigt einige Dojis und Spinning Tops. Dojis haben keinen oder nur einen sehr kleinen Körper mit kleinen Schatten. Ein Doji sieht dann auch oft wie ein Plus-Zeichen aus. Spinning Tops zeichnen sich durch lange Schatten über oder unter dem Kerzenkörper aus. Beide Muster veranschaulichen eine Unsicherheit im Markt. Weder Bären noch Bullen dominieren aktuell das Marktgeschehen.

Ein Doji (wie im Bild 12 des Mais-Futures) symbolisiert immer eine Art Gleichgewicht zwischen Käufern und Verkäufern. Einerseits hatten die Verkäufer den Markt bis an die Unterstützungszone getrieben. Diese wurde kurzfristig unterschritten. Dann bildete der Markt keine neuen Tiefs mehr und schließlich tauchte genau an der Unterstützung ein Doji auf. Für mich ist das Grund genug, um eine Kaufposition mit Kursziel Widerstandslinie zu wagen. Wie man sieht wurde diese Einschätzung innerhalb des nächsten Handelstages (am ersten Mai 2017) bestätigt.

7. Wo steht der Stop?

Jede ernstzunehmende Trading-Strategie muss die Frage nach dem Risiko stellen. Dies ist beim Range-Trading nicht anders. Ein nicht zu unterschätzender Vorteil des Range-Tradings ist die Tatsache, dass der Stop nicht nach charttechnischen Kriterien gesetzt werden muss.

Der Grund ist einfach: die obere und untere Begrenzung markieren die Range exakt. Alles, was sich über oder unter der Range abspielt, ist als charttechnisches „Neuland" zu betrachten und gehört nicht zum Spielfeld der Range.

Deswegen empfehle ich den Stop nach Risikomanagement-Kriterien zu wählen und nicht nach bestimmten Mustern im Chart. Wer zum Beispiel als Trader bereit ist so viel zu riskieren wie er gewinnen kann, kann den Stop-Abstand zum Entry-Preis einfach berechnen auf Basis der Breite der Range.

Ist die Range zum Beispiel 100 Punkte breit, so kann dieser Trader, den Stop 100 Punkte unter dem Kaufpreis setzen (oder 100 Punkte über dem Verkaufspreis bei einem Leerverkauf).

Da dieser Trader genau so viel riskiert wie er gewinnen kann, braucht er eine Trefferquote von mindestens 51 % um profitabel handeln zu können.

Trader A: CRV = 1:1

51 Gewinn-Trades x 100 = 5100 Punkte

49 Verlust-Trades x 100 = 4900 Punkte

Netto: 200 Punkte

Trader A, der mit einem Chance-Risiko-Verhältnis (CRV) von 1:1 arbeitet setzt naturgemäß auf eine gute Trefferquote. Diese muss also über 50 % liegen, damit er Geld verdient.

Es gibt aber Trader, die lieber auf die Höhe der Gewinne im Verhältnis zur Höhe der Verluste setzen. Diese Trader wollen vor allem mehr gewinnen, wenn sie gewinnen und weniger verlieren, wenn sie verlieren. Diese Trader wählen zum Beispiel ein Chance-Risiko-Verhältnis (CRV) von 1:2. Auch dieser Trader wird bei einer Range von 100 Punkten breite, einen Gewinn von 100 Punkten realisieren wollen. Sein Stop ist aber nur 50% der Range. Er liegt also 50 Punkte vom Entry entfernt. In diesem Fall sähe die Rechnung so aus:

Trader B: CRV = 1:2

34 Gewinn-Trades x 100 =   3400 Punkte

66 Verlust-Trades x 50 =   3300 Punkte

Netto: 100 Punkte

Trader B ist in der komfortablen Lage, dass er lediglich bei 34 % seiner Trades „richtig" liegen muss, um profitabel handeln zu können. Nachteil seiner Methode ist natürlich, dass er öfter ausgestoppt wird als Trader A, der seinen Stop viel weiter weg hat.

Natürlich gibt es ausser diesen beiden Risikomanagement-Modellen noch unzählige Varianten. Ich kenne zum Beispiel einen Öltrader, der mit negativen Chance-Risiko-Verhältnissen arbeitet. Er setzt seinen Stop immer sehr weit weg vom aktuellen Markt, meist 200 Dollarcent. Sein Kursziel ist aber viel kleiner und liegt meist bei 20 oder 30 Dollarcent. Sein Stop wird aber sehr selten erreicht und meistens schließt er den Trade, wenn er merkt, dass es in die falsche Richtung geht. Er hat eine Art innerlichen „Zeit-Stop", während sein tatsächlicher Stop nur eine Art „Katastrophenstop" ist.

Ich empfehle hiermit nicht, es ihm nachzutun. Es funktioniert für ihn, aber ich bin mir sicher, dass sich viele Trader bei dieser Art Risikomanagement nicht wohl fühlen würden.

Je nach Risikomodell ergeben sich verschiedene Möglichkeiten, die Parameter zu verändern, damit das Ergebnis optimiert werden kann. Trader A, der mit einem CRV von 1:1 arbeitet wird nicht so viel an seiner Trefferquote ändern können, denn sie ist bereits hoch (über 50 %). Er kann aber ähnlich wie der Öltrader versuchen, Verlusttrades schneller zu schließen und es gar nicht so weit kommen zu lassen, dass sein Stop erreicht wird.

Wenn es ihm zum Beispiel gelänge, dass er im Schnitt nur 70 Punkte verliert, statt 100 bei Verlusttrades, dann sähe sei Netto-Ergebnis schon viel besser aus.

Trader A: CRV = 1:1

51 Gewinn-Trades x 100 = 5100 Punkte

49 Verlust-Trades x 70 = 3430 Punkte

Netto: 1670 Punkte

In diesem Fall würde Trader A nach 100 Trades einen Netto-Gewinn von 1670 Punkten oder 16,70 Punkte pro Trade erwarten können. Dass ist doch schon viel besser als die minimalen 2 Punkte pro Trade, von dem ich zunächst ausgegangen bin (wenn man den Trade konsequent bei 100 Punkten ausstoppen und nicht früher aussteigt).

Aber auch Trader B kann sein Ergebnis optimieren. Da er bereits mit einem deutlich engeren Stop-Loss als Trader A arbeitet, sind hier die Optimierungsmöglichkeiten geringer (obwohl nicht inexistent). Trader B könnte zum Beispiel versuchen durch eine qualitativere Auswahl seiner Trades eine bessere Trefferquote zu erreichen. Er könnte versuchen, statt einer Trefferquote von lediglich 34 % genauso wie Trader A eine Trefferquote von 50 % zu erreichen. Gelänge ihm dies, sähe die Rechnung so aus:

Trader B: CRV = 1:2

50 Gewinn-Trades x 100 =   5000 Punkte

50 Verlust – Trades x 50 =   2500 Punkte

Netto: 2500 Punkte

In dem Fall würde Trader B nach 100 Trades sogar einen Netto-Gewinn von 2500 Punkten oder 25 Punkte pro Trade erwarten dürfen. Dies ist ein noch besseres Ergebnis als das von Trader A.

Natürlich sind diese Rechenbeispiele rein hypothetisch und der Kampf um die Profitabilität erweist sich im realen Trading oft härter als es hier den Anschein haben kann. Wenn ich sage, dass Trader B ein solches Ergebnis einfahren kann, dann wird dies nur geschehen, wenn er die Qualität seiner eingegangenen Trades tatsächlich verbessert. Es wird in diesem Buch mitunter auch darum gehen, möglichst gute Entries zu finden in dem Wissen, dass es immer wieder Verlust-Trades geben wird. Kalkulieren Sie sie von vornherein mit ein, damit Sie ein realistisches Bild von Range-Trading bekommen.

8. Fragen des Trade-Managements

A. Sollte man den Trade vor dem Wochenende schließen?

Wenn der Trader den Entry-Point, den Exit-point (Kursziel) und auch das Stop-Loss-Level schnell und effizient identifiziert hat, bleibt natürlich noch die Frage offen, wie man einen laufenden Trade „managen" soll solange er weder das Kursziel, noch den Stop erreicht hat. Diese Frage stellt sich natürlich vor allem vor dem Wochenende (Wahlen) und vor wichtigen Börsenereignissen (Zinsentscheide von Zentralbanken).

Wenn Sie gerne „Flat" sind am Wochenende empfehle ich auf jeden Fall den Trade zu schließen, egal ob Gewinn oder Verlust. Das Gleiche gilt natürlich bei den Zinsentscheiden von Notenbanken. Diese verlaufen aber nicht immer so dramatisch wie man vermuten würde. Hier empfehle ich eher in dem Trade zu bleiben, vor allem wenn Sie auf höheren Timeframes wie Stundenchart oder gar vier-Stundenchart oder Tageschart unterwegs sind. Lassen Sie sich von solchen Ereignissen nicht allzu sehr beeinflussen. Mal wird das Ergebnis zu Ihrem Vorteil ausfallen, mal zu Ihrem Nachteil. Sei es drum. Viel wichtiger ist die Konsistenz Ihrer Trade-Entscheidungen und die Fragen des Risikomanagements.

Lediglich an den Wochenenden riskieren Sie natürlich, dass Sie am Montag (oder Sonntagabend für Forextrader) von einem Gap überrascht werden, der Ihren Risiko-Stop übertrifft (Das Gegenteil gibt es natürlich auch: ein Gap, das Ihr Kursziel bei weitem übertrifft. Geschenk!).

Auf längere Sicht gleichen sich solche Ereignisse meiner Erfahrung nach aus. Deshalb sollten Sie die Sache gelassen angehen. Lediglich diejenigen Trader sollten sich fürchten, die überhebelt (mit zu großen Positionen) am Markt unterwegs sind. Diese Trader gehören nicht an die Börse. Je schneller sie aus dem Markt geworfen werden, desto kürzer die Pein.

B. Sollte man bei Range-Trading Trailing-Stops einsetzen?

Ein Trailing-Stop ist ein wunderbares Instrument, das durchaus zur Gewinn-maximierung eingesetzt werden kann. Dies ist insbesondere dann wichtig, wenn der Trader bei einem Trade bereits hohe Gewinne realisiert hat und er nun noch die letzten Tics oder Pips aus dem Trade herausholen möchte. Da kann ein Trailing-Stop sicher helfen.

Wenn Sie aber Range-Trading betreiben ist das Kursziel begrenzt. Innerhalb der Range passieren manchmal die merkwürdigsten Dinge. Es ist eine ganz andere Marktsituation als wenn der Trader einen lang anhaltenden Trend erwischt hat, der nun dem Ende entgegengeht und von dem er auch noch die allerletzten Punkte mitnehmen möchte.

Deswegen rate ich dazu, beim Range- oder Channel-Trading keinen Trailing-Stop zu verwenden. Sie werden in der Regel Ihren Gewinn damit nicht optimieren können.

Vertrauen Sie beim Range-Trading auf Unterstützung und Widerstand. Manchmal gibt es kurze Spikes (Ausreißer) in die eine oder andere Richtung. Wenn Sie dann an der anderen Range-Begrenzung einen Take-profit gesetzt haben, kann es Ihnen passieren, dass Sie schneller mit Gewinn aus dem Trade heraus sind als Sie erhofft haben. Das sind dann die kleinen Geschenke für Range-Trader. Diese schmecken natürlich besonders süß!

C. Was sollte man machen, wenn der Trade „nirgends" hingeht?

Auch diese Situation gibt es natürlich. Sie haben eine Position. Der Trade befindet sich in der Mitte der Range (ist also profitabel) aber der Markt bewegt sich seit Stunden (oder Tagen) kaum noch. Wenn dann das Wochenende naht, können Sie natürlich den Trade schließen.

Wenn Sie sich unsicher fühlen, empfehle ich immer, entweder zu schließen oder zumindest die Position zu verkleinern. Haben Sie zum Beispiel zwei Kontrakte, können Sie einen schließen und abwarten, ob sich für den zweiten Kontrakt das erwünschte Szenario doch noch einstellt. Passiert dies nach einer gewissen Zeit immer noch nicht, empfehle ich, den zweiten Kontrakt ebenfalls zu schließen.

D. Sollte ich bei Gewinn den Stop näher an den Markt schieben?

Hier wäre ich sehr vorsichtig. Wie gesagt: innerhalb der Range geschehen die wunderlichsten Dinge. Sie werden erleben, dass zum Beispiel eine Kaufposition fast das Kursziel erreicht hat (die Widerstandslinie) und der Kurs dennoch einmal schnell auf die Unterstützung zurückfedert, als müsste er nochmal einen Anlauf nehmen, um dann schließlich die obere Begrenzung der Range zu erreichen. Dieses Szenario ist nicht unüblich.

Allein schon aus dem Grund würde ich den Stop beim Range-Trading nie innerhalb der Range platzieren.

Man kann aber den Stopp etwas näher an das Entry-Level schieben, um das Risiko zu minimieren, wenn der Trade nahe beim Kursziel ist. Aber wie gesagt: ich bin da eher zurückhaltend und bin der Meinung, dass solche Maßnahmen auf längerer Sicht (aus Sicht von hunderten oder tausenden Trades) kaum einen positiven Einfluss haben.

Viel wichtiger scheint mir, dass der Trader lernt, seinem System zu vertrauen. Dies wirkt sich mittelfristig sehr wohl positiv auf das Ergebnis aus. Wenn ein Trader seinem System vertraut, nimmt er auch Positionen ein, die viele seiner Konkurrenten nicht nehmen würden. Diese sind oft die profitabelsten. Und das ist es, was einen Profi von einem Amateur unterscheidet. Ein Profi sieht ein Signal und nimmt den Trade ohne Wenn und Aber, gerade weil er sein System kennt und auf dessen statistischen Vorteil setzt.

Wer zu viel an dem Stop herummacht, suggeriert doch seinem Unterbewusstsein: ich traue dem Braten nicht.

Auf längerer Sicht (ab tausend Trades und aufwärts) spielt dies wie gesagt kaum eine Rolle. Mal werden Sie etwas weniger Verlust erlitten haben, wenn es gegen Sie geht, mal wird das Kursziel am Ende doch noch erreicht.

Eher zählen die Qualität der genommenen Trades und deren konsequente Durchführung. Das Chance-Risiko-Verhältnis von mindestens 1:2 setzt sich dann irgendwann in den Vorteil des Traders um. Vorausgesetzt die Trefferquote liegt über 33,33 %.

Aber das sind sehr pessimistische Trefferquoten. Realistische Trefferquoten beim Range-Trading bewegen sich eher im Bereich von 50-60 %. Selbst bei mageren 40 oder 45 % kann Range-Trading sehr profitabel sein, vorausgesetzt der Trader manipuliert nicht zu viel am Chance-Risiko-Verhältnis herum. Sprich: er lässt den Markt entscheiden, ob zuerst das Kursziel oder der Stop erreicht wird.

9. Beispiele von Rangemärkten

A. Trading-Ranges im Devisenmarkt

Bild 14: EUR/JPY, Stundenchart, 6. Juni – 16. Juni 2017

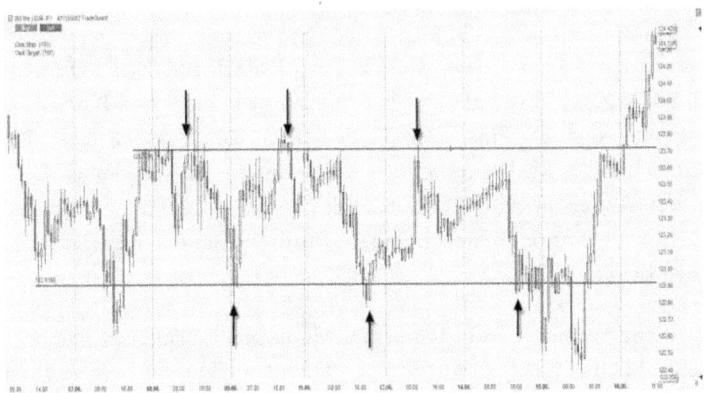

Eine Trading-Range ist nicht immer leicht zu identifizieren. Wichtig ist, wie bereits gesagt, dass es mindestens zwei Berührungen mit der Unterstützungslinie und mit der Widerstandslinie gibt. Erst dann gilt die Range als bestätigt wie in dem obigen Beispiel im Stundenchart des EUR/JPY. Erst nachdem der Trader die Range entdeckt hatte, konnte er auch Trading-Signale (Pfeile im Chart), die sich auf die Range beziehen, bestimmen.

In dem obigen Beispiel im EUR/JPY gab es sechs Trading-Signale: drei Short-Signale (Pfeile oben) und drei Long-Signale (Pfeile unten). Die

Range wurde zwischen 123,71 und 122,91 festgesetzt und hatte somit eine Schwankungsbreite von 80 Pips. Dies ist ausreichend damit ein vernünftiges Risikomanagement möglich ist. Wenn sich der Trader für ein Chance-Risiko-Verhältnis von 1:2 entscheidet, wird er die Stop-Loss-Order 40 Pips vom Entry-Preis entfernt setzen.

Damit der Trader den Gewinn tatsächlich realisieren kann, sobald das Kursziel erreicht wird, empfehle ich beim Range-Trading immer mit **Bracket-Orders** zu arbeiten. Dies bedeutet, dass der Trader beim Eingehen des Trades die Position gleichzeitig von einer <u>Stop-Loss-Order</u> und einer <u>Take-Profit-Order</u> begleiten lässt.

Dies hat viele Vorteile. Zum Einen ist das Risiko klar definiert. Im Bild 14 liegt es fest auf 40 Pips. Zudem ist auch das Kursziel von vornherein klar: 80 Pips. Der Trader weiß also, dass er diese Range profitabel traden wird, wenn er eine Trefferquote von etwas über 33,33 % realisiert. Anders gesagt: 60% der Trades können in einem Verlust enden, der Ausgang würde dennoch einen Profit bedeuten, wengleich einen kleinen Profit.

Solche klaren und unmissverständlichen Vorgaben sind von unschätzbarem Wert, wenn Sie als Trader auf Dauer ein tragfähiges Geschäft aufbauen möchten. Gute Trader arbeiten immer mit kristallklaren Parametern, die sie jederzeit exakt beschreiben können. Das ist auch der Grund, weshalb ich ein Fan von Range-Trading bin, weil ich hier Herr über die Spielregeln bin.

Außerdem brauchen Sie mit dieser Methode ihre Trades nicht zu babysitten, zumindest solange Sie auf Timeframes von einer Stunde oder höher arbeiten. Die meisten dieser Trades werden mehrere Stunden bis zu einigen Tagen brauchen bis sie ihr Kursziel erreichen. Deswegen schauen wir uns die sechs Trades im EUR/JPY etwas genauer an.

Trade 1: Short 123,71: hier kam der Markt nahe an den Stop, erreichte ihn aber nicht. Das Kursziel wurde am nächsten Tag erreicht.

Trade 2: Long 122,91: Der Trade kam nie in die Probleme. Das Kursziel wurde am Abend desselben Tages erreicht.

Trade 3: Short 123,71: Das Kursziel wurde am Abend des nächsten Tages erreicht.

Trade 4: Long 122,91: Das Kursziel wurde am nächsten Tag erreicht.

Trade 5: Short 123,91: Hier wurde das Kursziel erst nach zwei Tagen erreicht.

Trade 6 : Long 122,91: Der Trade wurde am nächsten Tag mit 40 Pips Verlust ausgestoppt.

Die Bilanz dieser 6 Trading-Tage:

5 Gewinner x 80 Pips = 400 Pips

<u>1 Verlierer x 40 Pips =   40 Pips</u>

Total   360 Pips

Interessant ist auch die Feststellung, dass der Verlust-Trade einherging mit einem Fake-Breakout nach unten, der dem eigentlichen Ausbruch nach oben voranging. Wer das erkannt hatte, hätte natürlich auch das traden können, aber das ist schon eine etwas fortgeschrittenere Stufe, die ich etwas später behandeln möchte.

Wichtig erscheint mir zunächst, dass Sie die Vorteile der Range-Trading-Strategie erkennen können. Es ist eine völlig unspektakuläre Strategie, aber sie kann sehr erfolgreich sein, wenn sie konsequent durchgeführt wird.

Nun werden Sie als Range-Trader sicher nicht immer ein solches ausgezeichnetes Ergebnis wie bei diesen sechs Trades im EUR/JPY erzielen können. Zum Beispiel erreichten alle Gewinn-Trades das Kursziel, was aber nicht immer der Fall ist. Hier konnte das Maximum des Potenzials ausgeschöpft werden. Erreichen ein oder zwei ihrer Trades das Kursziel nicht oder nur zur Hälfte, ist klar, dass das Ergebnis weniger glamourös ausfallen wird.

Zudem hatte der Trader von sechs Trades nur einen Verlust einzustecken. Dies entspricht einer Trefferquote von 83,33 %, was natürlich ausgezeichnet ist. Dies wird dem Trader natürlich auch nicht immer gelingen. Aber selbst Trefferquoten von 50 % reichen meist aus, um mit dieser Methode ein profitables Geschäft aufzubauen.

Die Basis dieses Geschäfts ist:

1. Die genaue Beobachtung von einem Korb von handelbaren Märkten.
2. Ein klares Setup basierend auf Unterstützung und Widerstand
3. Eine realistische Chance-Risiko-Berechnung.

Dies alles kann ein Trader ohne ständiges „Monitoring" seiner Trades durchführen. Eine Arbeitszeit von ein bis zwei Stunden am Tag reichen hier vollends.

Bild 15: GBP/JPY, 2-Stunden-Chart 26.02 bis 23.03.2017

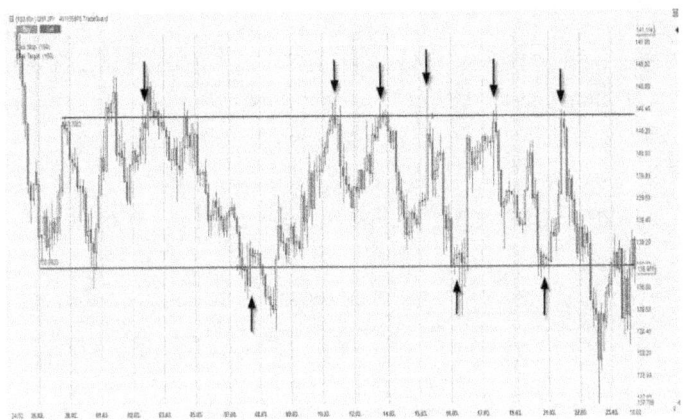

Eine weitere Range, die ich im Währungspaar GBP/JPY (Britisches Pfund – Japanischer Yen) ausgemacht hatte, generierte in einer Zeitspanne von vier Wochen sogar neun Signale, sechs auf der Shortseite und drei auf der Longseite. Die obere Begrenzung der Range hatte ich bei 140,35 festgesetzt. Die untere Begrenzung bei 139,00. Die Schwankungsbreite dieser Range lag also bei 135 Pips, was bei einem Währungspaar wie dem GBP/JPY auch zu erwarten ist.

Wenn der Trader vom gleichen Chance-Risiko-Verhältnis ausgeht wie im EUR/JPY wird sein Kursziel eben 135 Pips betragen und sein Risiko 67 Pips. Interessanterweise gab es in diesem Beispiel keine Verluste. Es gab einige falsche Ausbrüche, die zunächst gegen den Trade liefen, aber selbst die erste Long-Position (Pfeil links unten), die über zwei Tage im Verlust stand, erreichte schließlich das Kursziel.

Allerdings erreichten zwei Short-Trades das Kursziel nicht (zweiter und dritter Pfeil links oben). Sie kehrten zur Widerstandslinie zurück ohne

Verluste zu verursachen. Diese Trades würde ich demnach als Break-Even-Trades betrachten. Ergebnis = 0.

Trotz dieses Mankos gab es sieben Trades, die das Kursziel von 135 Pips erreichten. Das sind 935 Pips in vier Wochen!

Bild 16: USD/CHF, Stundenchart, 22.01 bis 31.01.2017

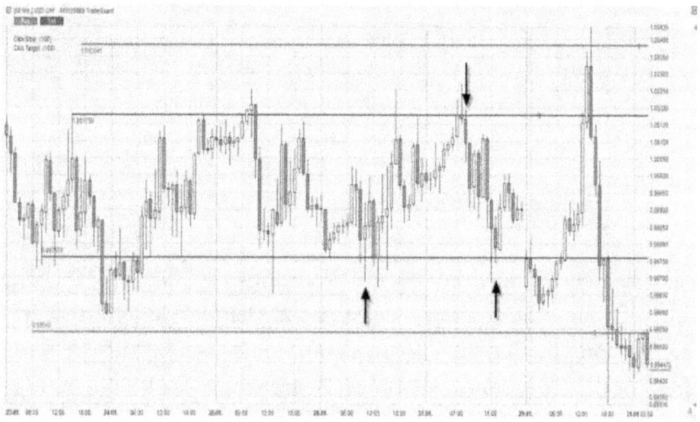

Eine überschaubare Range gab es Ende Januar 2017 im Währungspaar USD/CHF. Die obere Begrenzung lag bei 1,0018. Die untere Begrenzung bei 0,9972. Mit anderen Worten, das Paar tanzte in dieser Periode um die Währungsparität (1,000). Ranges an solchen markanten Levels sind ja nicht ungewöhnlich. Hier wechseln die Besitzer von Lots gerne mal die Hände, was diese Range anschaulich zeigt. Für einen gewieften Range-Trader ist dies natürlich eine Chance hier und da im Windschatten der Großen Player einige Pips zu sammeln.

Insgesamt gab es in dieser Zeit von 9 Tagen drei gültige Trading-Signale (Pfeile), die alle profitabel waren. Die Range war gerade mal 44

Pips breit. Das heisst der Stop stand 21 Pips entfernt vom Entry. Die beiden roten Linien oben und unten markieren die Stop-Platzierungen der Trades. Sie wurden nie erreicht.

Nachdem das zweite Long-Signal gekauft wurde (Pfeil rechts unten) eröffnete das Paar nach dem Wochenende zwar mit einem kleinen Down-Gap, die Position wurde trotzdem nicht ausgestoppt. Wenige Stunden später wurde dann auch hier das Kursziel erreicht.

B. Tiefere Betrachtung einer Seitwärtsphase im E-Mini

Bild 17: E-mini, 4-Stundenchart, Heikin Ashi, 22.05.2017 – 11.07.2017

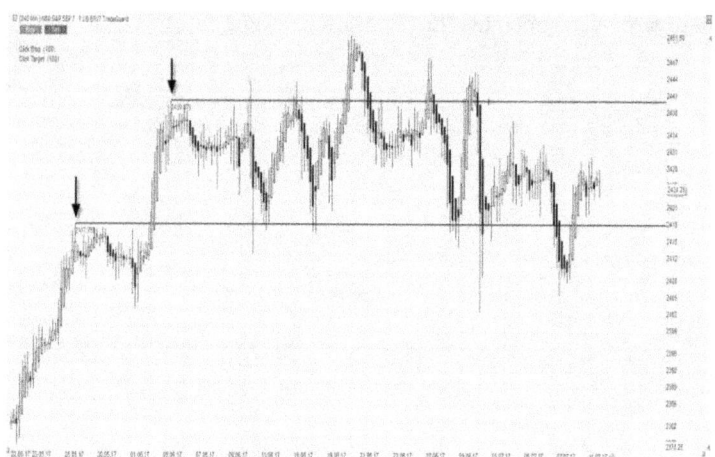

Zwischen Ende Mai und Ende Juli 2017 ging der amerikanische Index SP500 in eine Seitwärtsphase über, die ich hier ebenfalls etwas genauer anschauen möchte. Die beiden Pfeile, die zwei signifikante Hochs bei der vorangehenden Rally (links im Chart) markierten, erwiesen sich später als die beiden Begrenzungen der Range. Sie war dann auch relativ leicht zu traden. Wir schauen uns die Periode mal im Detail an.

Bild 18: E-mini, Stundenchart Heikin Ashi, 12.06.17 bis 23.06.17

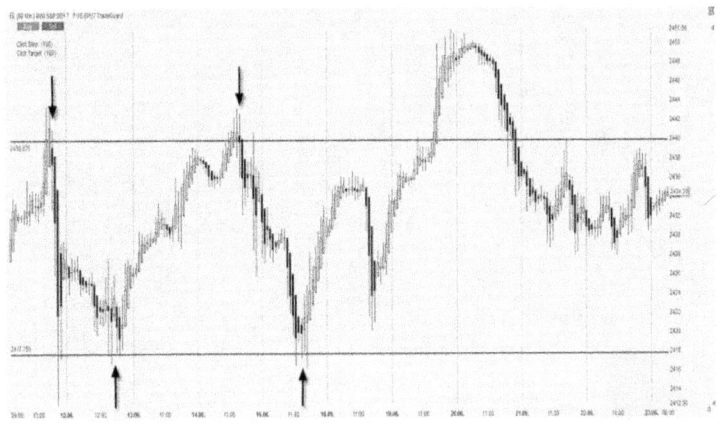

Die Pfeile auf der Darstellung im Stundenchart zeigen wieder die handelbaren Signale. Es gab zwei lupenreine Short-Signale (Pfeile oben), die beide das Kursziel (untere Range-Linie) erreichten. Auch die zwei Long-Signale waren profitabel. Das zweite Signal (Pfeil unten rechts) erreichte das Kursziel zunächst nicht, der Trade war aber nie wirklich in Gefahr.

Man könnte mir vorhalten, dass ich die erste Berührung mit der Unterstützung (ganz links im Chart) nicht als Signal gedeutet habe. Hier ging es so schnell, dass es für einen ruhigen Swingtrader kaum die Gelegenheit gab zu traden. Man muss nun auch nicht jedes Signal nehmen.

Nachdem das zweite Long-Signal das Kursziel erreichte, durchbrach der Markt die obere Begrenzung nach oben, sodass zunächst von einem gelungenen Ausbruch auszugehen war. Es spricht für sich, dass sich unter diesen Umständen Short-Trades verbieten. Erst am Tag darauf drehte der Markt in die Range zurück.

Bild 19: E-mini, Stundenchart Heikin Ashi, 23.06.2017 bis 07.07.2017

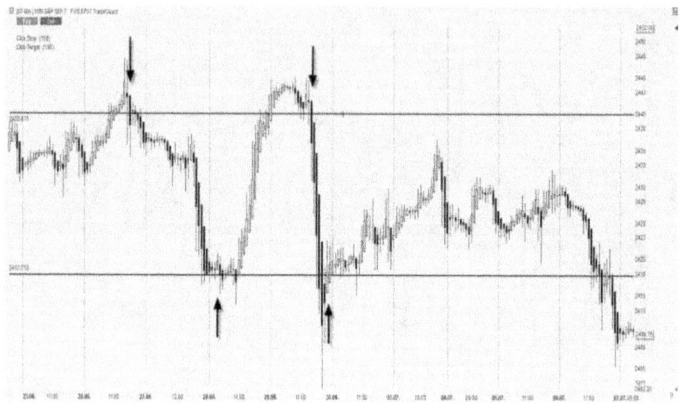

Im nächsten Abschnitt desselben Marktes gab es wieder vier Signale, zwei Long und zwei Short. Die ersten drei erreichten das Kursziel problemlos.

Beim ersten Short-Signal (Pfeil oben links) durchbrach der Markt zwar kurzfristig die Widerstandslinie nach oben, bildete dann aber ein Spinning Top, woraufhin er zurück in die Range wanderte.

Ein ähnliches Szenario ergab sich beim zweiten Short-Signal. Hier forderte der Markt zwar etwas Geduld vom Trader, aber schließlich signalisierte auch hier ein Spinning Top, dass die Käufer nicht über die nötige Kraft verfügten, den Markt dauerhaft über dem Widerstand zu halten.

Das erste Long Signal (Pfeil unten links) kam, nachdem der Markt die Unterseite der Range sauber erreicht hatte. Hier tauchten zwei Dojis auf, die das Long-Signal auslösten. Allerdings dauerte es noch einige Stunden, bevor der E-Mini wieder nach oben zog. Klar zu sehen ist ebenfalls ein kleiner Abrutscher nach unten. Wer hier den Stop zu eng gesetzt hatte, wurde vermutlich ausgestoppt. Dies ist natürlich ein klassischer Fall einer Täuschung oder Fake, über die ich noch zu sprechen komme, wenn es um das Thema Stop-Setzung und Risikominimierung gehen wird.

Beim zweiten Long-Signal unterschritt der Markt kurzfristig die Unterstützung. Diese Übertreibung konnte man in aller Ruhe abwarten, um dann in den darauffolgenden Stunden an der Unterstützung zu kaufen. Einige Dojis und Spinning Tops gaben dazu reichlich Gelegenheit. Solange die Heikin Ashi Candles schwarz oder rot färben gibt es für mich keinen Grund zu kaufen. Erst wenn Anzeichen einer Abschwächung des Abwärtstrends zu sehen sind, und der Markt in die Range zurückkehrt, bin ich eventuell an eine Long-Positionierung interessiert.

Daran erkennen Sie hoffentlich, dass es bei dieser Methode nicht um Eile geht. Verpasse ich mal ein Signal, weiß ich, dass das nächste Signal immer kommt. Es kommt wirklich sehr darauf an, diese Art von Trading in aller Ruhe und mit Bedacht durchzuführen. Handeln sollte man erst dann, wenn ein klares Signal vorliegt.

Das zweite Kaufsignal (Pfeil unten rechts) führte im Grunde nirgendwo hin. Es entstand kein Verlust, aber wenn ein Markt wie dieser tagelang lustlos seitwärts geht ohne auch nur die andere Seite der Range zu erreichen, ist es nach meiner Erfahrung besser, die Position nach und nach outzuscalen oder gänzlich zu schließen.

Das Outscalen kann folgendermaßen erfolgen. Nehmen wir an, der Trader hätte 3 E-mini-Kontrakte gekauft. Nachdem der Markt nach zwei Handelstagen zwar gestiegen aber dann wieder zurückgefallen war, konnte er einen ersten Kontrakt verkaufen (mit kleinem Gewinn). Am nächsten Tag lief der Markt wieder seitwärts ohne die obere Begrenzung (das Kursziel) auch nur ansatzweise ins Auge zu fassen. Hier wird der zweite Kontrakt verkauft und der Stop-Loss mittlerweile auf Break-Even gesetzt. Wenn man seit drei Tagen im Markt ist ohne dass das Kursziel erreicht wird, sollte das Risikomanagement eingreifen. Mit dem letzten Kontrakt hatte der Trader nun die Wahl, entweder zu warten bis der Break-Even-Stop greift oder diesen Stop sogar nach und nach näher an den Markt zu schieben.

Ich neige zu der zweiten Variante. Nicht, weil ich meiner Methode nicht mehr vertraue (immerhin konnte das Kursziel irgendwann doch erreicht werden), sondern aus der Erfahrung heraus, dass je länger ein Trade braucht, desto unwahrscheinlicher wird es, dass das Kursziel tatsächlich erreicht wird. Eher geschieht das Gegenteil, wie dieser Markt dann auch vorführte.

Es gibt aber auch einen wichtigeren Grund, weshalb man in solchen Fällen an rasches Outscalen denken sollte. Es gibt kaum etwas, was die Nerven eines Traders mehr beansprucht als ein Markt, der nirgendwo hinführt. Natürlich besteht „die Chance" nach wie vor, dass der Trade schließlich zum Erfolg führt, aber dieser wird von Tag zu Tag kleiner. Deswegen ist es besser, den Trade zu beenden und etwas Neues zu versuchen.

Auch das gibt es: ein Markt, der einem „etwas" Gewinn gibt, ohne dass das Kursziel erreicht wird. Wie man deutlich sehen kann, war das Schließen der Position die bessere Option, denn wenige Tage später fiel der Markt unter die Unterstützungslinie.

C. Tiefergehende Betrachtung einer Seitwärtsphase im FDAX

Bild 20: **FDAX, 4 Stunden Barchart, 24.3.2017 – 02.08.2017**

Wenn wir diesen Übersichtschart (4-Stunden-Chart) des FDAX-Futures betrachten, fallen gleich einige markante Stellen auf, die es wert sind näher betrachtet zu werden. Ich habe links im Chart fünf Stellen markiert, die fünf Preislevels repräsentieren, die in den darauffolgenden Wochen und Monaten eine wichtige Rolle gespielt haben und zum Zeitpunkt des Screenshots (2. August 2017) immer noch spielten.

1. **Das erste Preislevel** zeigt ein signifikantes Hoch bei 12.413 Punkten am 3. April 2017, von dem aus eine Abwärtswelle startete. Es spielte später im Juli eine wichtige Rolle als Unterstützung einer Range.

2. **Das zweite Preislevel** zeigt den Schlusskurs vom Freitag den 21. April 2017 bei 12.099 Punkten. Es war der Freitag vor dem ersten Wahlgang in Frankreich. Nachdem Emmanuel Macron diesen am

Sonntag, den 23. April klar gewonnen hatte, eröffnete der DAX am Montag mit einem Aufwärts-Gap (Macron-Gap) von 185 Punkten. Im Laufe des Tages stieg der DAX kontinuierlich. Der Schlusskurs dieses Tages war exakt das Hoch bei Pfeil 1.

3. Das dritte Preislevel zeigt den Eröffnungspreis nach der Wahl (Macron-Gap) bei 12.305 Punkten. Dieses Level spielte ebenfalls später im Juli als Unterstützung einer Range und als Widerstand einer späteren Range Ende Juli.

4. Das vierte Level markiert das erste Hoch der Macron-Rally am 25. April bei 12.518 Punkten. Es diente als Widerstand der ersten Juli-Range.

5. Das fünfte Level markiert das vorläufige Hoch der „Macron-Rally", die am 24. April startete. Dieses Hoch lag am 5. Mai bei 12.841 Punkten und wurde zum Zeitpunkt des Screenshots (2. August 2017) nicht nachhaltig überwunden.

Diese vier „Ereignisse" werden das Spielfeld für den DAX in den nächsten Wochen bestimmen. Klar zu sehen ist die Tatsache, dass das Gap vom 24. April (noch) nicht geschlossen wurde. Wenn dies passiert, spricht man in der Technischen Analyse von einem „Runaway Gap." Das heißt, die Käufer sind so dominant, dass sie die Verkäufer überrumpeln und ohne zurückzuschauen eine richtige Rally veranstalten, was dann auch geschah.

Nun war die „Macron-Rally" tatsächlich für 700 Punkte gut im FDAX. Sie war aber trotzdem schwer zu traden, denn dann hätte der Trader am Freitag vor der Wahl eine Kaufposition eröffnen müssen. Er hätte also darauf spekulieren müssen, dass Macron den ersten Wahlgang tatsächlich gewinnen und dass der Markt darauf positiv reagieren würde. Dieses Szenario war vor der Wahl in den Prognosen zwar vorhergesagt, sicher war es keineswegs. Was wäre gewesen, wenn das Ergebnis für Macron nicht so günstig ausgefallen wäre? Wenn die Gegenkandidatin LePen ein günstiges Ergebnis eingefahren hätte, das ihr eine realistische Perspektive gegeben hätte, auch den zweiten Wahlgang zu gewinnen?

Hätte der DAX bei diesem Szenario mit einem Gap Down von 185 Punkten eröffnet? Ein Stop-Loss hätte da auch nicht geholfen. Der Trader hätte in diesem Fall einen großen Verlust einstecken müssen.

Dies ist auch einer meiner Kritikpunkte an das Traden von Trends. In diesem Fall muss der Trendtrader mit Stops arbeiten, die sehr weit vom aktuellen Kurs entfernt sind. Anders gesagt: um die Macron-Rally von 700 Punkten zu traden, sollte der Trader mindestens einen Stop-Abstand von 200 Punkten einhalten, sonst riskiert er, durch eine zufällige Gegenbewegung aus dem Markt geholt zu werden. Nun sind Chance-Risiko-Verhältnisse von 200:700 also 1:3,5 immer noch sehr gut. Die wenigsten Trader, die ich kenne, würden aber in der Lage sein, dies mit einem DAX-Future zu traden. Sie bräuchten also Finanzinstrumente mit niedrigerem Hebel, wie zum Beispiel einen ETF auf den DAX.

Anders gesagt: solche Trends zu handeln ist durchaus machbar, aber der Trader sollte dann wenigstens mit 4-Stunden-Charts oder besser noch mit Tagescharts handeln. Eine solche Methode nennt man Swingtrading. Wie man dies machen kann, habe ich in meiner dreibändigen Reihe „Swingtrading mit dem 4-Stunden-Chart" beschrieben.

Der Trader, der die Macron-Rally verpasst hat (die meisten) hat nun das Problem, dass er in ein Marktumfeld hineingerät, das im großen und Ganzen damit beschäftigt ist, die Macron-Rally zu „verdauen".

Nachdem der FDAX am 5. Mai das erste Swinghoch bei 12.842 niedergesetzt hatte, ging er wochenlang in eine Trading-Range über mit einer Schwankungsbreite von gerade mal 200 bis 250 Punkten. Die Macron-Rally war demnach wieder mal die Ausnahme, während die Range, die darauf folgte die Regel bildete.

Zwar versuchte der FDAX das Hoch vom 5. Mai einige Male zu überwinden, aber dies gelang nur kurzfristig wie die Fehlausbrüche über die obere horizontale Begrenzungslinie zeigen. Wer also als Trendtrader darauf setzte, dass der Markt die Macron-Rally fortsetzen würde und die

Ausbrüche handelte, musste nach wenigen Stunden mit Verlust aus dem Markt. Wir sehen, dass der DAX nach jedem Ausbruchsversuch gut 200 Punkte zurück kam und die Range somit bestätigte und verstärkte.

Insgesamt gab es mit dem oberen Widerstand von 12.842 Punkten über 10 Berührungen. Zum Zeitpunkt des Screenshots war es dem DAX immer noch nicht gelungen, diesen Widerstand zu knacken. Da es mindestens zwei Berührungen braucht damit ein Widerstand als solcher erkannt werden kann, repräsentieren die ersten zwei für den Range-Trader keine Signale. Erst ab der dritten Berührung konnte ein Short-Signal eröffnet werden mit Kursziel Unterstützung. Es gab immerhin acht, von denen sieben Gewinn erwirtschaftet hätten. Der Ausbruch vom 19. Juni muss als gelungen betrachtet werden, auch wenn sich die Kurse am Tag darauf wieder innerhalb der Range befanden.

Die Range dauerte insgesamt über zwei Monate an, während die „Macron-Rally" selbst gerade mal 9 Handelstage brauchte. Dies illustriert die Tatsache, dass Trend-Bewegungen meist wenig Zeit in Anspruch nehmen, während die Märkte in den allermeisten Fällen sich nicht in einer Trendbewegung befinden. Die Frage ist natürlich: können Sie als Trader jede dieser bedeutenden Trendbewegungen mitnehmen und sind Sie auch in der Lage rechtzeitig einzusteigen und auch rechtzeitig auszusteigen?

Wenn Sie diese Frage eindeutig mit „ja" beantworten können, dann gratuliere: ich empfehle Ihnen Trendtrader zu werden. Ist die Beantwortung der Frage zögerlich oder eindeutig „nein", dann empfehle ich Ihnen dringend, Ihre Absicht „Trends" am Markt traden zu wollen in Frage zu stellen.

Bild 21: FDAX-Future, 4-Stunden-Chart, 5.Mai bis 25. Mai 2017

In dem Beispiel hier oben im Bild 21 zeigen die beiden Pfeile den Augenblick, an dem die Range bestätigt war. Von dem Augenblick an war das „Spielfeld" des Range-Traders klar definiert. Die obere Begrenzung war nach wie vor das Hoch vom 5. Mai 2017 bei 12.840. Für die untere Begrenzung (rote horizontale Linie mittig) brauchte es auf dem 4-Stunden-Chart zwei Tiefs zu einem Preis von 12.667. Anders gesagt: die Seitwärtsphase, in die der FDAX-Future nun eintrat war gerade mal 174 Punkte breit. Dies ist aber für einen guten Range-Trader ausreichend um profitable Signale zu bekommen.

Die nächste Berührung, nachdem die Range bestätigt war (Pfeil oben) erfolgte wenige Stunden später an der Oberseite. Interessanterweise gelang es den Käufern nicht, das Widerstands-Level bei 12.840 auch nur wirklich zu berühren. Es fehlten zwei Punkte. Wenn Sie als Trader so etwas sehen, bekommen Sie eine interessante Information vom Markt. Es fehlt den Käufern an Kraft (und an Geld) um sogar die Widerstandslinie zu erreichen, was auf eine momentane Schwäche der Käufer hinweist. Konsequenterweise ging es wenige Stunden später in die andere Richtung. Reicht dies für einen Short-Trade?

Für mich eindeutig nicht. Ich hätte gerne eine Bestätigung an der Widerstandslinie, die mir die „Erschöpfung" der Bullen aufzeigt. Da dies fehlte, nahm ich also auch keine Short-Position ein.

Der DAX nahm jetzt Fahrt auf Richtung Süden und erreichte schnell die untere Begrenzung der Range bei 12.666 (rote Linie). Ist denn nun hier als Range-Trader gleich eine Kaufposition einzunehmen? Auch hier reicht mir die einfache Berührung mit der Range-Unterkante keineswegs um zu traden. Ich möchte eine Bestätigung des Marktes sehen, dass der Zug bald wieder Fahrt in die andere Richtung aufnimmt.

Wie man klar sehen kann, kam diese Bestätigung nicht, sondern der DAX fiel sogar unter die untere Begrenzung der Range. Wer hier also blauäugig Long gegangen wäre, wäre mit Verlust ausgestoppt worden. Der FDAX ging aber nicht irgendwo beliebig hin. Er erreichte ziemlich genau das erste Hoch der Macron-Rally bei 12.518 (horizontale blaue Linie unten). Beziehungsweise ging es noch einige Punkte tiefer unter die runde Zahl 12.500. Aber klar zu sehen ist, dass der Markt hier drehte.

Bild 22: FDAX, Stundenchart Heikin Ashi, 17. Mai bis 1.Juni 2017

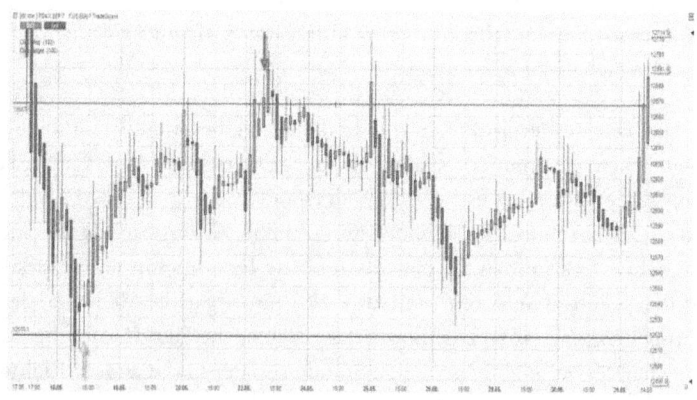

Wir zoomen etwas tiefer in den Chart hinein und schauen uns jetzt im Stundenchart die Periode von etwa zwei Wochen an, in der der FDAX unter der roten Mittellinie (oben) blieb.

Nach dem Rutsch auf die blaue Linie unten (das erste Hoch der Macron-Rally) bei 12.518, drehte der Markt und bildete im Stundenchart ein Spinning Top, das ein Gleichgewicht zwischen Käufern und Verkäufern markiert. Hier hätte man eine Long-Position (grüner Pfeil unten) einnehmen können mit Kursziel 12.666, also der roten Mittellinie. Dieses Ziel wurde auch erreicht.

Es gab insgesamt drei Berührungen mit der roten Widerstandslinie, aber von den drei Short-Signalen wurde nur eins (roter Pfeil oben) ausgeführt. Dieser Trade erreichte das Kursziel nicht und musste mit kleinem Verlust aus dem Markt genommen werden.

Danach hielt sich der FDAX innerhalb der Trading-Range auf und bildete nur noch einmal ein Short-Signal, das aber nicht ausgeführt wurde.

Bild 23, FDAX, Stundenchart, 1 Juni bis 22. Juni 2017

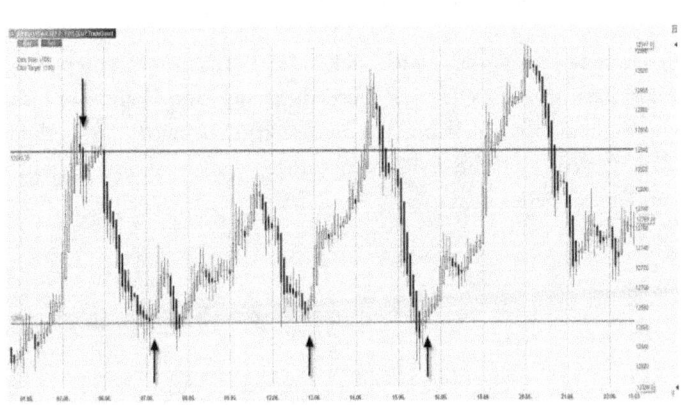

Nachdem der FDAX am 1. Juni 2017 die rote Mittellinie rückerobert hatte gab es wieder handelbare Signale. Ein Shortsignal kam am 2. Juni (Pfeil links oben), nachdem der FDAX das Hoch der Macron-Rally bei 12.840 erreicht hatte. Nachdem der Markt kurzzeitig über dieses Hoch hinaus geschossen war, tauchte ein Spinning Top auf, der das Short-Signal an dieser Stelle auslöste. Man konnte an der oberen Begrenzung der Range Short gehen eingedenk der Tatsache, dass der Markt die „Macron-Rally" zu jederzeit wieder aufnehmen kann.

Die besseren Chancen waren dann eindeutig auf der Long-Seite zu finden. Es gab insgesamt drei Kauf-Signale (drei Pfeile unten), die alle drei profitabel waren. Lediglich das erste Signal (Pfeil unten links) erreichte das Kursziel (obere horizontale Linie) nicht. Die anderen zwei übertrafen es sogar.

Die zwei Ausbrüche über die obere Begrenzung müssen als gelungene Ausbrüche betrachtet werden, auch wenn sie sich etwas später dann doch als falsche Ausbrüche erwiesen. Das konnte der Trader im Augenblick des Ausbruchs noch nicht wissen. Deshalb ist es immer besser ein klares Signal der Schwäche an der oberen Begrenzung abzuwarten. Dies kam aber in den ersten Stunden nach dem Ausbruch nicht. Deshalb bin ich hier auch nicht Short gegangen.

Insgesamt zeigt die tiefer gehende Betrachtung einer längeren Seitwärtsphase im FDAX, dass diese durchaus eine Reihe interessanter Trading-Signale ergeben kann, vorausgesetzt, man hatte die Geduld, auf diese zu warten. Entscheidend ist natürlich, dass man das „Schau nach links im Chart" beherrscht.

10. Fortgeschrittene Strategien

A. Abstauberlimits

Wenn Sie die Basis-Strategie des Range-Trading beherrschen, ist vielleicht eines Tages die Zeit gekommen, über fortgeschrittene Strategien nachzudenken. Obwohl die Basis-Strategie, richtig angewendet, sehr profitabel sein kann, macht es genauso Sinn, sich mit Methoden zu befassen, auf die Sie vielleicht auf den ersten Blick nicht gekommen wären.

Eine dieser Methoden ist der Einsatz von sogenannten „Abstauberlimits". Ein Abstauberlimit ist ein „Schnäppchenpreis", bei dem der Ausführungspreis deutlich unter dem zuletzt gehandelten Kurs liegt. Bei einer Short-Position liegt der Ausführungspreis deutlich über dem zuletzt gehandelten Kurs.

Trader, die gerne mit Abstauberlimits arbeiten, spekulieren auf kurzzeitige Kursausreißer nach unten oder nach oben. Diese werden in der Regel innerhalb kurzer Zeit wieder aufgeholt. Der klassische Fall ist der bereits erwähnte Flash-Crash, bei dem das Orderbuch eines Marktes plötzlich leergefegt wird und es keine Käufer mehr gibt. Der Markt fällt dann meist innerhalb Minuten in sich zusammen, bis er ein tiefes Niveau erreicht, an dem Käufer ihn wieder auffangen.

Dies geschah zum Beispiel am 6. Mai 2010 im Amerikanischen Index SP500. Innerhalb von 6 Minuten sank der Index um 6 %. Im Schwester-Index Dow Jones Industrial waren es sogar mehr als 9 %, was zu einem Verlust von fast 1000 Punkten führte. Ein zuvor ungesehenes Ereignis. Einige Aktien verloren kurzfristig über 99% ihres Wertes.

Genauso spektakulär war der Flash Crash vom 7. Oktober 2016 im Britischen Pfund. Hier waren es 10 % gegenüber dem US Dollar. Das Pfund konnte sich aber schnell erholen und den Verlust auf 1,5 % reduzieren.

Noch extremer ging es bei der Kryptowährung Ethereum zu. Das Papier taumelte am 21. Juni 2017 innerhalb von wenigen Minuten von 296 Dollar auf sage und schreibe 13 US Dollar, um sich danach wieder vollständig zu erholen.

Die Gründe für solche extreme Ereignisse mögen unterschiedlich sein. Fakt ist, dass ein Finanzmarkt innerhalb kürzester Zeit implodiert bei Mangel an Käufern, oder bei einem Überhang an Verkäufern.

Solche Ereignisse sind aber schwer oder gar nicht vorherzusagen. Sie treten auch so selten auf, dass es fast unmöglich ist, davon zu profitieren.

Nun muss der „Einbruch" nicht immer so extrem sein. Gelegentliche Ausrutscher nach unten oder nach oben gibt es in jedem Markt, und es gibt meiner Meinung nach eine Methode, davon zu profitieren. Gerade wenn ein Markt tendenziell seitwärts geht.

Statt Opfer eines solchen Ausrutschers zu sein (Die Übertreibung holt die Stop-Loss-Order des Range-Traders aus dem Markt) könnte der Trader den Spiess umdrehen und gerade auf diese Ausrutscher spekulieren. Statt einen Limit-Kauf an der Unterstützungslinie (oder Limit-Verkauf an der Widerstandslinie) zu setzen, würde er darauf setzen, dass sich ein Ausrutscher ereignet und einen Limit-Kauf unter der Unterstützungslinie platzieren in der Hoffnung, dass ein kurzzeitiger Einbruch die Order ausführt.

Man nennt diese Art von Order deshalb ein „Abstauberlimit", weil der Trader mit dem aktuellen Preis nicht zufrieden ist, sondern billiger in den Markt will. Der Trader geht sozusagen unter die „Schnäppchenjäger."

Nun war es noch nie verkehrt, wie überall im Leben, zu versuchen einen günstigeren Preis für etwas zu bekommen, das eigentlich mehr wert ist. In vielen Ländern wird das Feilschen sogar erwartet und ist akzeptierte Praxis.

Ich selbst gehöre als Börsianer genauso zu dieser Spezies. Da ich viel reise, habe ich meine besonderen Freude daran, zum Beispiel bei Ferienwohnungen nie den vom Vermieter vorgeschlagenen Preis zu zahlen (der ohnehin meist inflationiert ist), sondern kräftig unter dem „Marktpreis" zu bieten.

Einmal gelang es mir, ein schönes Appartement mit Seeblick im Zentrum von Larnaca auf Zypern für 400 Euro für 4 Wochen zu ergattern. Die Zusage kam, nachdem ich erst acht Absagen von anderen Vermietern bekommen hatte (oder keine Antwort). Normalerweise hätte das Apartment etwa 1200 Euro gekostet. Als ich eincheckte, schaute mich der sympathische Manager des Apartmentblocks mit einem wie-hast-du-das-bloß-fertig-gekriegt-Blick an. Seine Tochter hatte mein Gebot online akzeptiert und als er mir den Schlüssel übergab, konnte ich förmlich spüren, das er zähneknirschend dachte: „Einmal aber nie wieder."

Fakt war, dass nicht mal die Hälfte seiner Apartments vermietet waren in der Periode, in der ich dort war. Er hatte also die Wahl: stur bleiben und an seinem Preis festhalten oder meine 400 Euro nehmen. Er hat sich für die 400 Euro entschieden.

Dieses Kaufmannsprinzip gilt natürlich in allen Lebensbereichen. Auf die Börse übertragen habe ich oft den Eindruck, dass manche Trader gerne 1200 Euro und sogar noch ein bisschen mehr zahlen. Sie denken vermutlich: wenn das der Preis ist, der im Katalog steht, wird es wohl stimmen.

Leider ist diese naive Mentalität ein teures Vergnügen. Oft erleben diese Trader, wenn dann ihre Stop-Loss-Orders ausgeführt werden und sie einen Verlust realisiert haben, dass dies genau zu dem Preis geschah, an dem sie ihr Abstauber-Limit hätten platzieren müssen. Kurz gesagt: die Profis haben ihnen die Hosen ausgezogen.

Nun klappt das mit dem Feilschen natürlich nicht immer, und der Preis hält sich brav über der Unterstützungslinie. Nun, dann bekommt man eben keine Position. So einfach ist es.

Manche Trader scheinen damit ein Problem zu haben: keine Position zu haben. Sie wollen partout ständig und überall eine Position haben, koste es was es wolle.

Mein Vorschlag wäre dagegen, etwas geiziger zu sein und lieber auf eine Position zu verzichten als zu teuer zu kaufen. Ich weiß, das schmeckt nicht jedem, aber profitabler ist es meist allemal. Als Beispiel möchte ich einige Geiz-Trades im EUR/USD zeigen.

Bild 24: EUR/USD, 4-Stunden-Chart, 19.05 bis 13.06.2017

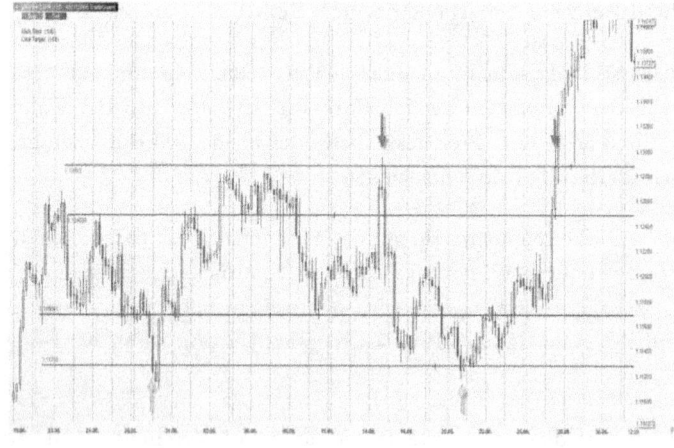

Vielleicht erkennen Sie die Trading-Range nicht auf den ersten Blick (die zwei inneren blauen Linien). Sie waren insgesamt gut für eine Schwankungsbreite von 80 Pips im EUR/USD. Die rote obere und die rote untere Linie sind die Levels, an denen ich „Abstauber-Limits" platziert hatte. Ich wähle für die Abstauberlimits meist die Hälfte der Range (in dem Fall also 40 Pips). Das ist das Level, an dem bei Trading-Ranges nach meiner Erfahrung die meisten „Ausrutscher" geschehen.

Hätte man die Basismethode gehandelt, wäre man in diesem Fall einige Male ausgestoppt worden. Das Abstauber-Limit wurde vier Mal ausgeführt, zwei Kaufpostionen (grüne Pfeile unten) und zwei Verkaufspositionen (rote Pfeile oben).

Das Kursziel ist genauso wie bei der Basis-Methode die gegenüberliegende Begrenzung der Range. Bei Kaufpositionen also die obere Begrenzung oder der Widerstand. Bei Verkaufspositionen die untere Begrenzung oder die Unterstützung.

Dies hat in drei der vier Fälle sehr gut geklappt. Nur der zweite Short wurde ausgestoppt, weil der EUR/USD nach oben ausbrach. Den Stop-Loss setze ich dann eben auch auf die Hälfte der Range unter dem Kaufpreis (in diesem Fall 40 Pips unter dem Abstauberlimit). In diesem Fall hätten wir also:

3 Gewinn-Trades: 3 x 120 Pips = 360 Pips

1 Verlust-Trade: 1 x 40 Pips =   40 Pips

Netto   320 Pips

Bild 25: EUR/USD, 4-Stunden-Chart, 19.05 bis 13.06.2017 (Basismethode)

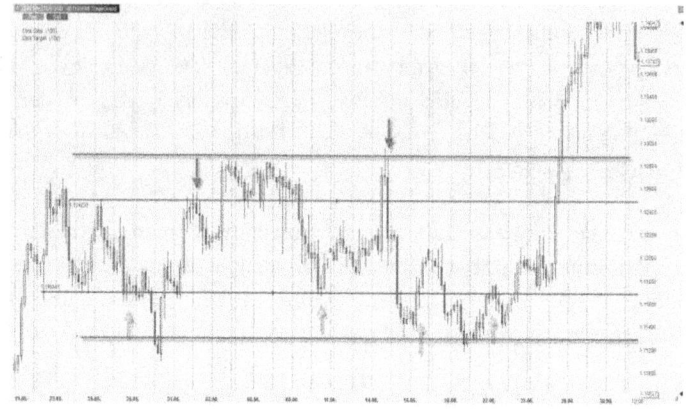

Wenn der Trader mit der Basis-Methode gehandelt hätte, hätte er 6 Trading-Signale statt 4 bekommen. Vier Long-Signale und zwei Short-Signale. Von den vier Long-Signalen erreichten zwei das Kursziel und zwei wurden ausgestoppt (untere Linie rot). Die zwei Short-Signale führten ins Kursziel. Auch hier machen wir die Rechensumme:

Vier Gewinn-Trades: 4 x 80 Pips = 320 Pips

Zwei Verlust-Trades: 2 x 40 Pips = 80 Pips

Netto: 240 Pips

Mit diesem Ergebnis wäre ich durchaus zufrieden. Wenn Sie es aber mit der Abstauber-Methode vergleichen, müsste man auf diese setzen, weil das Ergebnis noch besser ausgefallen ist. Überdies brauchte die Abstauber-Methode nur 4 Trades um ein deutlich besseres Ergebnis zu erzielen, und das Chance-Risiko-Verhältnis ist bei der Abstauber-Methode ebenfalls besser: nämlich 1:3.

Nachteil der Abstauber-Methode ist natürlich, dass der Trader nicht immer eine Ausführung bekommen wird. Die Frage ist, ob dies wirklich ein Nachteil ist, wenn ihm dadurch gelegentlich Verlust-Trades erspart bleiben.

Ich kann mir auch vorstellen, dass ich mit dieser „Abstauber-Alternative" einige Leser verwirren könnte. Die Frage könnte durchaus auftauchen: was ist nun besser? Die Basis-Methode oder die Abstauber-Limit-Methode?

Ich denke die Antwort ist fast eine philosophische. Welche Art Trading-Philosophie bevorzugen Sie? Eine Philosophie, die den aktuellen Preis akzeptiert und darauf setzt, dass Stop-Loss, Chance-Risiko-Verhältnis und Trefferquote die Schwerarbeit für Sie tun werden?

Oder bevorzugen Sie die „Geizhals-Philosophie", die darauf setzt, dass der Markt Ihnen gelegentlich einen Discount gibt, bei dem man erst zuschlagen sollte. Geizkragen müssen natürlich geduldige Trader sein, denn der Discount kann lange auf sich warten oder erst gar nicht auftreten.

Denkbar wäre, dass man beide Methoden miteinander kombiniert. In dem Fall würde man Unterstützung und Widerstand ohne Wenn und Aber traden, gleichzeitig aber ein zusätzliches Abstauber-Limit platzieren für den Fall, dass sich der Markt gelegentlich einen Ausrutscher leistet.

Die Kombination beider Methoden führt naturgemäss zu mehr Trades. Wird man bei der Basis-Methode ausgestoppt, bekommt man gelegentlich dank des Abstauberlimits eine zweite Chance.

B. Fakes

Der Fake (falscher Ausbruch) könnte man eine Variante des Abstauber-Limits nennen, obwohl es hier doch um etwas anderes geht. Ein Fake ist nichts anderes als ein Täuschungsmanöver, das einige Akteure in einem Markt veranstalten. Sie treten in Range-Märkten recht häufig auf, weil hier die Liquidität naturgemäß niedriger ist als sonst. Sie sind also relativ leicht zu inszenieren. Ein Beispiel mag das Phänomen verdeutlichen.

Bild 26: GBP/USD, Stundenchart, 20.04 – 23.04.2017

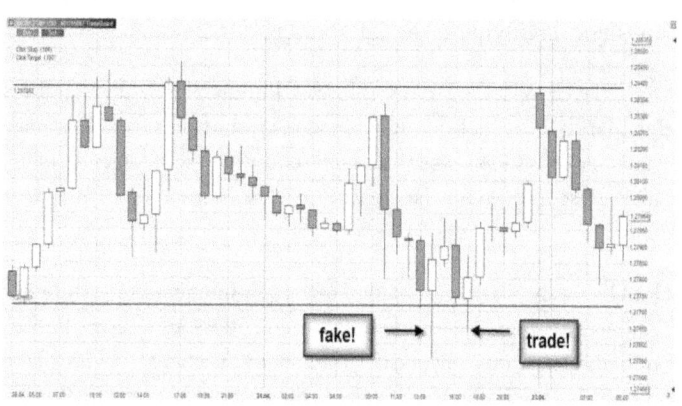

Am 21. April 2017 unterschritt der Markt kurzfristig die Range (Fake) um dann innerhalb derselben Stunde wieder in die Range zurück zu federn. So etwas geschieht recht häufig und stellt für einen gewieften Range-Trader eine Chance dar. Es geht allerdings nicht darum zu

versuchen, den Fake selbst zu traden. Wenn er auftritt, kann der Trader natürlich einen Limit-Kauf an der Unterstützungs-Linie platzieren. Die Wahrscheinlichkeit dass die Order ausgeführt wird ist an der Stelle meistens hoch.

Der Trader könnte aber versuchen, eine Limit-Order etwas tiefer anzusetzen, zum Beispiel auf halber Höhe der Fake-Kerze. Häufig treten Fake-Kerzen eben nicht vereinzelt auf. Häufig ist mehr Aktivität rund um die Fake-Kerze zu beobachten wie hier in dem Beispiel im GBP/USD. In diesem Fall gab es zwei Stunden später nochmal eine kleinere Fake-Kerze, die die wartende Order etwas unter der Unterstützungslinie ausführte.

Gelingt dies, kommt der Trader meist zu einem sehr günstigen Kurs in den Markt. Das Kursziel dieses Trades wurde dann erst nach dem Wochenende, also bei der Eröffnung am Sonntagabend (23.00 Uhr MEZ) erreicht.

Fakes gehören in meinen Augen zu den profitabelsten Mustern in den heutigen Märkten. Oft wird man feststellen, dass bedeutende Bewegungen im Markt mit einem Fake starten. Es geht also zunächst in die falsche Richtung bevor der eigentliche Move kommt. Es ist als ob einige Marktakteure noch einmal zu sehr günstigen Preisen in den Markt wollen bevor sie ihn nach oben treiben (oder nach unten bei Abwärtstrends).

Wenn Sie sich für das Thema Fake-Trading interessieren, empfehle ich den zweiten Teil meines Buches: „Swingtrading mit dem 4-Stunden-Chart". In diesem Band „Trade the Fake" gehe ich ausführlich auf das Thema ein und zeige anhand mehrerer Beispiele wie man eine sehr profitable Strategie entwickeln kann, die ausschließlich auf Fakes basiert ist.

11. Trendkanäle (Channel Trading)

Range-Trading wird in der Trader-Community meist als eine Variante des breiter gefassten „Channel Tradings" betrachtet. Was ist damit gemeint?

Als Channel Trading bezeichnet man jede Art des Tradings, bei dem zwei äquidistante Linien (den gleichen Abstand aufweisend) einen Widerstandsbereich und einen Unterstützungsbereich markieren. Die äquidistanten Linien können horizontal verlaufen wie wir bislang beim Range-Trading gesehen haben. Sie können aber auch aufsteigend oder absteigend sein. In dieser Form markieren sie natürlich irgendeine Art von Trendverhalten und deswegen spricht man auch gern von einem Trendkanal.

Viele Trading-Plattformen haben bereits Tools für das automatische Zeichnen von Trendkanälen. Wenn Sie signifikante Tiefs miteinander in einem Trend verbinden können, wird die Widerstandslinie automatisch äquidistant mitgezeichnet. Meist braucht der Trader dann nur eine kurze Anpassung vorzunehmen bis die Hochs des Trendkanals ebenfalls vom Zeichentool erfasst werden.

Man kommt dann zu der erstaunlichen Entdeckung, dass Trendkanäle viel häufiger vorkommen als man vermuten würde. Überdies scheinen sich die Marktakteure meist an die Berührungen des Trendkanals zu halten. Deswegen bin ich der Meinung, dass auch Channel Trading oder das Traden mit Trendkanälen unbedingt zum Repertoire eines Range-Traders dazugehört. Horizontale Ranges sind zwar auf den ersten Blick leichter zu erkennen oder vielleicht auch leichter handelbar, sie treten aber leider nicht so häufig auf wie Trendkanäle.

Bild 27: AUD/USD, Stundenchart, 7.02 bis 28.02.2017

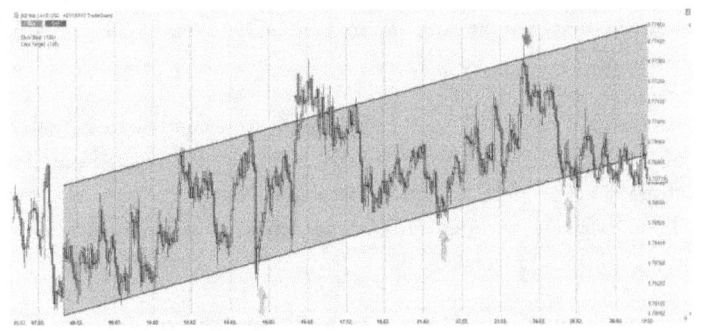

In diesem Stundenchart des Währungspaares AUD/USD gab es einen Trendkanal, der vielleicht auf den ersten Blick gar nicht ersichtlich war. Erst die höheren Hochs, die die Unterseite des Kanals bildeten, zeichneten eine sanft ansteigende Tendenz in diesem Markt ab.

Das Handeln von Trendkanälen ist im Vergleich zum Range Trading etwas schwieriger, weil das Kursziel nicht exakt ermittelt werden kann. Das Prinzip ist ähnlich wie beim Range Trading. Gekauft wird an der Unterstützungslinie mit Kursziel Widerstandslinie.

Verlaufen die Linien horizontal ist das Ermitteln des Kursziels natürlich einfach. Verlaufen die Linien zwar äquidistant aber aufsteigend, kann der Trader beim Entry nicht wissen, an welcher Stelle der Markt die obere Begrenzung des Trendkanals erreichen wird. Er kann es abschätzen, aber sicher ist diese Schätzung auf keinen Fall. Der Markt kann unter Umständen länger brauchen, bis das Kursziel erreicht wurde. Das bedeutet natürlich, dass er nicht mit Bracket Orders arbeiten kann. Er muss den Exit manuell vornehmen.

Um diesem Manko vorzubeugen, könnte der Trader trotzdem mit einer Take-Profit-Order arbeiten und diese „ambitioniert" setzen, also etwas höher als seine Einschätzung, zu welchem Preis der Markt die obere Begrenzung des Kanals erreichen wird. Sobald sich der Trade zu seinen Gunsten zu bewegen beginnt, kann er die Take-Profit-Order natürlich manuell anpassen.

Im Beispiel auf Bild 27 gab es insgesamt fünf handelbare Signale, drei Long-Signale und zwei Short-Signale. Die ersten zwei Long-Trades erreichten das Kursziel. Der dritte Trade musste irgendwann aus Gründen der Trendlosigkeit aus dem Markt genommen werden, entweder mit kleinem Verlust oder Break-Even.

Der erste Short-Trade endete je nach Stop-Setzung in einem Verlust oder er erreichte das Kursziel. Bezüglich des Stops gehe ich genauso vor wie beim Range-Trading. Ich setze den Stop auf 50% der Range des Kanals. In diesem Fall lag die Schwankungsbreite bei 63 Pips. Der Stop lag also 32 Pips über dem Entry. Die zweite Short-Position erreichte das Kursziel.

Damit das Setup deutlich wird, möchte ich hier nochmal einen Trade im Währungspaar USD/CAD vorstellen:

Bild 28: USD/CAD, Tageschart, 9.10.2016 bis 21.12.2016

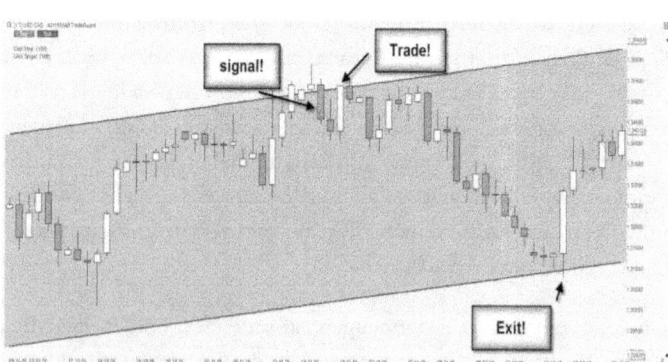

Im Tageschart erreichte das Paar am 11.11.2016 die obere Begrenzung des Trendkanals en schloss über dem Kanal. Es gab dann zwei Handelstage, in denen sich das Paar über der oberen Begrenzung des Kanals hielt. Allerdings bildete die Kerze des zweiten Tages eine Umkehrkerze. Diese war ein erster Hinweis, dass der „Ausbruch" über den Kanal vermutlich scheitern würde, was dann mit der roten Kerze am nächsten Tag geschah (Signal, Pfeil links oben). Diese Kerze bildete das Short-Signal. Erst dann konnte der Trader eine Limit-Sell Order platzieren mit Kursziel Unterstützungslinie des Kanals. Diese Order wurde aber nicht am selben Tag ausgeführt sondern erst am nächsten Tag, als das Paar nochmal die obere Begrenzung mit einer weißen Kerze attackierte (am 17.11.2016).

Das Kursziel wurde dann am 14.12.2016 erreicht (Pfeil unten). Der Trade war gut für 450 Pips.

Sollte man immer in Richtung des Trends traden wenn man Trendkanäle handelt? Die Antwort scheint auf der Hand zu liegen: ja. Aber dies entspricht nicht meiner Erfahrung. Wie das obige Beispiel zeigt war der Trend im USD/CAD aufwärts. Trotzdem konnte man mit einem Short gutes Geld verdienen. Trendkanäle heißen eben deshalb Trendkanäle, weil sich der Kurs innerhalb eines Kanals aufhält. Das heißt nichts anderes als dass die Chancen auf beiden Seiten liegen.

Dies gilt im Übrigen auch für den Ausbruch aus dem Trendkanal, der irgendwann kommt und der den Kanal beendet. Dieser Ausbruch kann in die Richtung verlaufen, in die der Trendkanal zeigt. Sehr oft aber geschieht genau das Gegenteil. Deswegen sollte man auch nicht auf diesen oder jenen Ausgang spekulieren sondern genau das tun: den Kanal traden und sonst nichts.

Psychologisch gesehen ist dies womöglich der größte Vorteil von Range-Trading und Trendkanal-Trading: Entry, Stop und Kursziel sind klar definiert.

Meine Erfahrung ist, dass viele beginnende Trader unter Umständen Monate, in manchen Fällen Jahre damit verbringen herauszufinden, wann sie kaufen (oder verkaufen) sollen, wo der Stop stehen soll und an welcher Stelle sie den Trade beenden sollten. Darf ich an dieser Stelle nochmal betonen, dass solche Fragen das sind was sie sind: Anfängerfragen.

Der Vorteil des Range-Tradings ist ein nicht geringer: all diese Fragen werden Ihnen von vornherein abgenommen, weil es die Range selbst ist, die sie beantwortet.

12. Was wirklich wichtig ist

Mit welchen Fragen sollte sich ein Trader denn beschäftigen, wenn es nicht die (scheinbaren) wichtigen sind, nämlich Entry, Stop, Exit? Meine Antwort darauf lautet: mit den eigentlich wichtigen Fragen, die ein Trading-Business mit sich bringen, nämlich:

1. Welches ist der durchschnittliche Gewinn meiner Gewinn-Trades?
2. Welches ist der durchschnittliche Verlust meiner Verlust-Trades?
3. Wie hoch (oder niedrig) ist die Trefferquote meines Systems?
4. Wie hoch ist das Payoff-Ratio (das Verhältnis zwischen durchschnittlichem Gewinn und durchschnittlichem Verlust?)
5. Und schließlich: wie viel Gewinn kann ich bei jedem Trade, den ich eingehe erwarten? Wie hoch ist die Expectancy?

Ich habe diese fünf Parameter, die über die Profitabilität einer Trading-Strategie entscheiden in dem dritten Teil meiner Scalping-Serie „Scalpen macht Spass!" ausführlich behandelt. Hier führe ich eine Traderin mit Namen Jenny ein, die ich über 12 Wochen begleitet habe. Das Buch beschäftigt sich ausschließlich mit den fünf hier oben erwähnten Fragen.

Geld verdient man als Trader, wenn die Antwort auf Frage fünf positiv ist: nämlich: kann der Trader bei jedem Trade, den er eingeht, statistisch gesehen ein positives Ergebnis erwarten? Nicht bei jedem Trade, aber im Durchschnitt? Die vier anderen Fragen beziehen sich dann auf die Höhe dieser Erwartung.

Und natürlich kann ein Trading-System daraufhin optimiert werden, damit die Profitabilität gesteigert wird. Wie dies konkret gemacht werden kann, habe ich anhand der Scalping-Strategie von Jenny versucht zu demonstrieren.

Mit der Range- und Channel-Strategie haben Trader den großen Vorteil, dass sie sich gleich mit den fünf wichtigen Fragen des Tradings beschäftigen können. Anders gesagt: die Chance besteht hier, dass die Lernkurve eines solchen Traders schneller verlaufen kann als es üblicherweise der Fall ist.

Jetzt könnte die Frage bei einigen Lesern meiner Bücher auftauchen, ob Range-Trading mit meinem Heikin Ashi Scalping-System vereinbar ist. Die Antwort lautet hier: sie ist gerade dafür geschaffen!

Fast nirgends funktioniert das Heikin Ashi Countertrend-Scalping besser, als wenn sie das Prinzip von Unterstützung und Widerstand in einer Range (oder in einem Chanel) zu Ihrem Vorteil nutzen. Hier nochmal das Beispiel aus Juni 2017 im FDAX (siehe auch Bild 23).

Bild 29, FDAX, Stundenchart, 1 Juni bis 22. Juni 2017

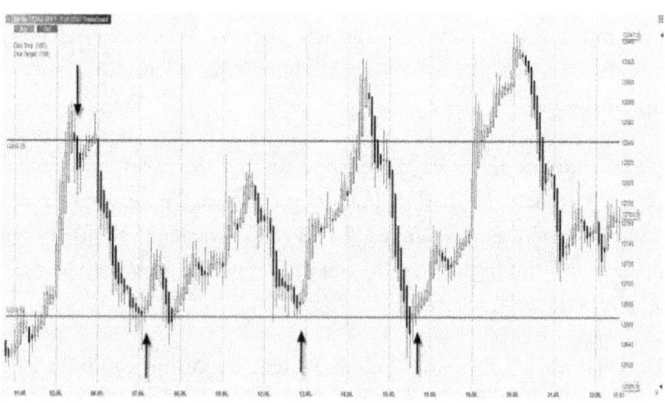

In diesem Beispiel gab es für einen Heikin Ashi Trader, der sich auf Trading Ranges spezialisiert hat vier gut handelbare Signale (Pfeile im Chart). Natürlich schießt der Kurs mal übers Ziel hinaus wie die zwei Fehlausbrüche über der oberen Begrenzung der Range (rechts im Chart) klar zeigen. Aber gerade hier hätte ein opportunistischer Trader, der mit Abstauber-Limits arbeitet erst recht profitieren können. Wer hier zwei Mal Short gegangen wäre, sobald die Farbe der Heikin Ashi Candles von grün auf rot wechselt, hätte ein noch größeren Profit eingefahren, als wenn er lediglich die Range selbst gehandelt hätte.

Der Einsatz von Heikin Ashi Candles kann dem Range Trading durchaus einen extra Boost geben. In dem Augenblick, in dem sich die Farbe an der Unterstützungslinie oder an der Widerstandslinie ändert, verfügt der Trader über eine zusätzliche Bestätigung. Damit ist das Trading-Signal stärker. Geschieht die Farb-veränderung außerhalb der Range, bekommt der Trader oft noch bessere Signale.

13. Range-Trading für Daytrader und Scalper

Nachdem ich nun viel über Range-Trading im Bereich des Stundencharts und des 4-Stundencharts geschrieben habe, stellt sich die Frage, ob sich die erwähnten Strategien auch auf kürzeren Zeitebenen handeln lassen. Anders gesagt: können auch Daytrader und sogar Scalper von dieser Methode profitieren?

Die Frage kann ich mit einem eindeutigen „ja" beantworten. Es ist eine Eigenart der Finanzmärkte, dass die Art, wie sie sich aufbauen und die Muster, die sie immer wieder entwickeln, sich auf jeder Zeitebene beobachten lassen. Es ist dann auch von großer Wichtigkeit, dass Trader, die sich auf kürzeren Timeframes bewegen, die höheren Timeframes nicht außer Acht lassen. Denn es sind die Akteure auf den höheren Zeitebenen, die letztlich den Markt bewegen. Um dies zu illustrieren schauen wir noch mal auf den Stundenchart des DAX-Futures vom 3. bis 21 Juli 2017.

Bild 30: FDAX, Stundenchart, 3 bis 21. Juli 2017

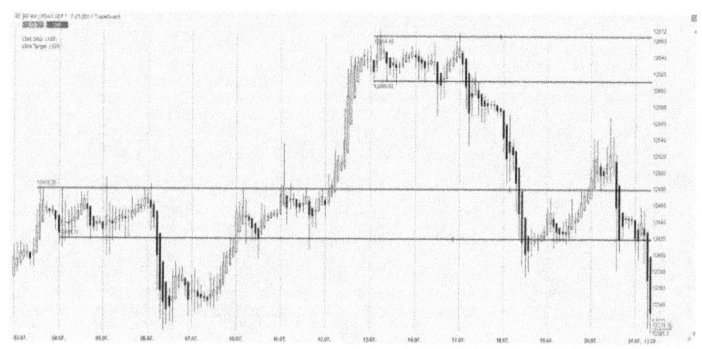

Dieser Chart illustriert nochmal die Tatsache, dass sich der Markt vorwiegend im „Seitwärtsmodus" aufhält, während die Trendphasen eher kurz sind. Natürlich gibt es Ausnahmen, bei denen Märkte einige Wochen oder gar ein bis zwei Monate steigen (oder fallen) können. Oft wird man dann erleben, dass sie nach einer solchen Bewegung monatelang trendlos konsolidieren. Deswegen sollten wir uns eben mit diesen „trendlosen Phasen" beschäftigen.

Ein weiteres interessantes Phänomen, dass der obige Chart zeigt, ist die Tatsache, dass Märkte gern einmal etablierten Ranges wieder aufsuchen, auch nachdem sie sie einige Tage (oder Wochen) verlassen hatten. Das kann man links im Chart beobachten, wo der DAX am 6. und 7. Juli die Range verlässt, um sie dann nach dem Wochenende am 10. Juli wieder zu erreichen (und zu respektieren!).

Dann folgte eine Aufwärtsrally (am 12. Juli) wonach sich der DAX wieder zwei Tage seitwärts bewegte (13. bis 14. Juli). Daraufhin gab es am 17. und 18. Juli eine Abwärtsbewegung, die den DAX wieder genau in die Range vom 4. bis 6. Juli führte, als wäre nichts gewesen.

Einem Daytrader, der hin und wieder einen Blick auf den Stundenchart geworfen hätte, wäre dieser Tatsache nicht entgangen. Er hätte zumindest schon mal Anhaltspunkte für die Hochs und Tiefs dieses Handelstages.

Ein solches Wiederaufgreifen von alten Ranges gibt es viel häufiger als man vermuten könnte. Märkte können sich unter Umständen Wochen später an eine alte Seitwärtsrange „erinnern", in Extremfällen bis ein oder zwei Monate.

Wer also seinen „Daytrading-Markt" etwas genauer kennen lernen möchte, dem empfehle ich wirklich das Geschehen auf einem Stundenchart und auch auf einem 4-Stundenchart zu beobachten. Man wird erstaunliche Koinzidenzen feststellen, die einem bei der Bestimmung von möglichen Drehpunkten beim Daytrading helfen könnten. Wer dazu dann noch solche Instrumente wie Heikin Ashi Charts benutzt, hat gute Chancen, präzise Entries (und Exits) auch auf einem 5-Minutenchart zu identifizieren. Diese sind eine der beliebtesten Zeitebenen bei Daytradern. Wir schauen uns deshalb den Intraday-Chart vom 5. Juli 2017 an.

Bild 31: FDAX, 5-Minuten-Chart, 5. Juli 2017

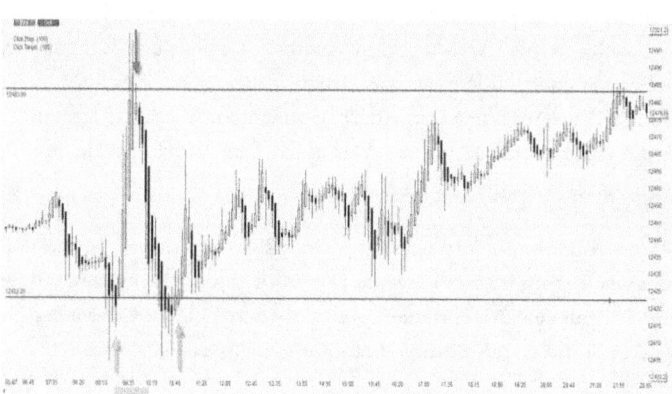

Nachdem am 3. und 4. Juli eine Seitwärtsrange etabliert war, die etwa 60 DAX-Punkte breit war, konnte nun auch ein Daytrader von diesem Wissen profitieren und das Geschehen an den beiden Begrenzungen der Range (horizontale Linien) beobachten.

Wir sehen auf dem 5-Minuten-Chart, dass sich der FDAX kurz vor der Eröffnung der Aktienbörse in Frankfurt (9.00 MEZ) an der unteren Begrenzung der Range aufhielt. Zunächst unterschritt er die Unterstützung kurzfristig, aber keiner dieser Versuche der Verkäufer erwies sich als nachhaltig. Die Schlusspreise der Kerzen blieben über der unteren Begrenzung. Dies ist natürlich schon eine erste Indikation für den Daytrader, dass es möglicherweise in die andere Richtung gehen könnte.

Ziel einer möglichen Aufwärtsbewegung wäre dann auch die obere Begrenzung der Range, also 60 DAX Punkte höher. Wenige Minuten später (kurz nach der Eröffnung in Frankfurt) kam diese Bewegung dann auch und erreichte schon nach 20 Minuten das Kursziel.

Der Markt schoss über das Ziel hinaus und versuchte „einen Ausbruch", der sich wie eine halbe Stunde vorher ebenfalls als „False Breakout" herausstellte. Auch dies ist wieder eine wichtige Information für den Daytrader, dass die Range möglicherweise weiterhin halten könnte. Sicher ist man sich da natürlich nie. Aber nachdem die Heikin Ashi Kerzen zwei vergebliche Versuche zeigten, den Widerstand zu überwinden, konnte an der Widerstandslinie eine Short-Position eröffnet werden mit Ziel untere Begrenzung (roter Pfeil oben). Auch diese Idee erwies sich als profitabel, denn eine halbe Stunde später war der DAX wieder genau da, wo er bei der Markt-Eröffnung gestartet war (an der Unterstützungslinie).

Und es blieb spannend. Denn die Verkäufer versuchten zum zweiten Mal den FDAX unter die Range zu drücken, was wieder nicht gelang. Auch dies ist wiederum eine Indikation, die ein Daytrader nutzen konnte, um an der Unterstützungslinie erneut einen Long-Versuch zu wagen. Zwar erwies sich diese Einschätzung als richtig, aber wie man klar erkennen kann, erreichte der FDAX das Kursziel nicht so schnell wie bei den ersten zwei Malen. Es dauerte bis zum Handelsschluss (22.00 Uhr MEZ) bis der FDAX endlich die obere Begrenzung erreichte. Somit konnte ein Trader prinzipiell drei Mal 60 Punkte im FDAX realisieren, was immerhin 4500 Euro pro gehandelter Kontrakt entspricht.

In der Praxis weiß ich, dass solche (sehr verspäteten) Kursziele im Daytrading nur mit Mühe zu erreichen sind. Schließlich will der Trader auch mal Pause machen. Traden kann man dies trotzdem, indem man mehr als 1 Kontrakt handelt. Wenn der FDAX zu teuer ist, kann man immer auf den neu eingeführten Mini-DAX-Future ausweichen. Wie man sehen kann bewegte sich der Markt für den Rest des Tages innerhalb der

Range. Für solche Fälle empfehle ich die Scaling-Out-Technik. Falls der Trader mit 3 Kontrakten Long ist, kann er einen ersten Kontrakt gegen Mittag verkaufen, einen zweiten nach der Eröffnung der amerikanischen Märkte und den dritten laufen lassen mit Stop auf Einstand.

Bild 32: EUR/USD, 1-Minutenchart, 21. Juli 2017

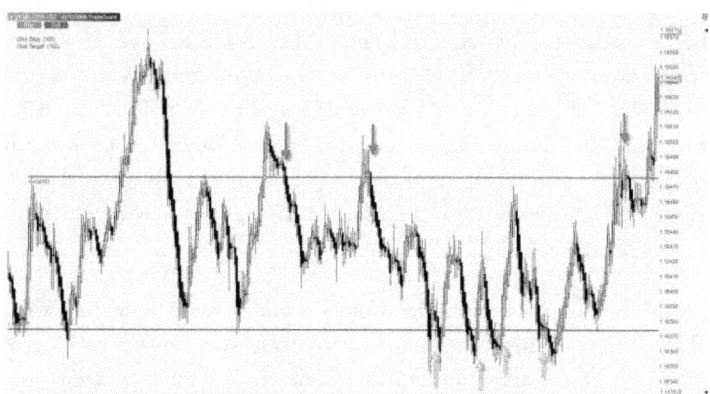

Auch **Scalper** kommen beim Range-Trading auf ihre Kosten. Ich würde sogar sagen, dass Scalping hier besonders gut funktioniert, weil die Range „das Spielfeld" deutlich markiert wie man am obenstehenden 1-Minuten-Chart im EUR/USD sehen kann. Die Range war in diesem Fall gerade mal 10 Pips breit. Ich empfehle solche engen Ranges nur dann zu traden, wenn Sie über ausgezeichnete Konditionen im Forex verfügen. Wer einen Spread von 1 Pip zahlt, zahlt im Grunde schon 10 % der Range und dürfte es schwer haben, diese profitabel zu handeln.

Wer aber lediglich 0,2 oder 0,3 Pips zahlt, für den kann sich ein solches Range-Scalping durchaus lohnen, wie die Signale im Chart deutlich zeigen. Von den sieben Signalen führte lediglich das dritte Short-Signal (roter Pfeil oben rechts) in einen Verlust. Hier gelang dem EUR/USD der Ausbruch aus der Range.

Bei den anderen Signalen konnte ein guter Scalper Gewinne einstreichen. Allerdings ist in diesem Beispiel klar zu sehen, dass mehrere Trades das Kursziel nicht erreichten. Lediglich bei zwei Trades gelangte der EUR/USD ans andere Ende der Range.

Deswegen muss auch klar gesagt werden, dass Scalpen ein ganz anderes Spiel als Daytrading oder gar Swingtrading ist. Scalper *müssen* lernen, schnelle Gewinne mitzunehmen. Wir sehen zum Beispiel bei den vier Long-Signalen (grüne Pfeile, unten rechts), dass der Markt es allenfalls bis zur Hälfte der Range schaffte. Entweder drehten die Heikin Ashi Kerzen ins Schwarze und fielen bald wieder zurück oder sie konsolidierten ein wenig, wie es beim ersten Kaufsignal (Pfeil links) der Fall war.

Auch wenn das Kursziel die obere Begrenzung der Range war, sollte der Scalper an dieser Stelle versuchen, die Gewinne zu realisieren. Gibt ihm der Markt 5 Pips, dann soll er fünf nehmen. Gibt er ihm drei, dann eben drei. Optimistisch gesagt holt ein guter Scalper aus einem solchen Markt 15 bis 20 Pips. Unnötig zu sagen, dass, wenn Sie das mit einem oder zwei Minilots machen ($ 10.000), können Sie damit nicht Ihren Lebensunterhalt werden verdienen.

Allerdings sind hier die Risiken bei jeder Position sehr überschaubar. Wenn der Scalper nur die Hälfte der Range (5 Pips) riskiert, riskiert er pro gehandeltem Standardlot ($ 100.000) eben auch nur $ 50. Professionelle Scalper handeln bei solchen Mini-bewegungen gern mal mit einigen Millionen. Wenn ein solcher Scalper 10 Pips realisiert mit 10 Standardlots, dann macht er $ 1000 Gewinn an diesem Tag. Das sieht dann schon eher nach einem Lebensunterhalt aus.

Bedenken Sie auch, dass oben erwähnte Scaling-Out-Techniken für Scalper meist nicht funktionieren. Scalpen heißt eben, schnell ein kleines Stückchen aus einer Markt-Bewegung schneiden. Nehmen Sie das, was Ihnen der Markt gibt und laufen Sie mit dem Geld weg. Auch wenn sich der Markt nach Ihrem Exit nochmal 10 Punkte in Ihre Richtung bewegt. Sie werden eben selten die ganze Bewegung mitnehmen können.

Bild 33: EUR/CHF, 3-Minutenchart, 21. Juli 2017

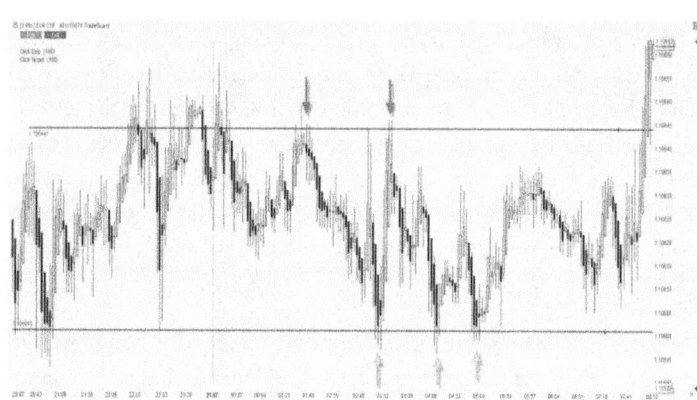

Ein ganz besonderer Scalping-Markt sind die sogenannten „Nachtmärkte im Forex". Mit „Nacht" ist hier natürlich an erster Stelle Europäische Nacht und US-Amerikanischer Abend gemeint. Das ist eine Zeit, in denen die Volatilität im Währungshandel am niedrigsten ist, und manchmal lohnt es sich, einen Blick auf die Währungspaare zu werfen, die sowieso schon eine geringe Volatilität aufweisen wie der EUR/CHF oder EUR/GBP.

Oft bewegen sich diese Märkte in so engen Ranges, dass sie diese kaum oder nicht verlassen, wie das obige Beispiel im EUR/CHF zeigt. Diese Range war gerade mal 4,5 Pips breit. So etwas ist für die meisten

Trader natürlich indiskutabel, aber gewiefte Scalper mit sehr guten Marktkonditionen können sich einen solchen Markt durchaus vornehmen. Immerhin gab es bei diesem Beispiel in einer Zeitspanne von 4 Stunden fünf Signale, von denen drei das Kursziel erreichten.

Gewiss: so etwas ist natürlich für sehr spezialisierte Leute, die mit großen Positionen (ab $ 1.000.000) im Markt agieren. Und wenn Sie Europäer sind, sollten Sie zumindest „Nachtmensch" sein, um dem Schweizer Franken in der Mitte der Nacht ein Schnäppchen zu schlagen. Für Amerikaner ist es eine schöne Abendbeschäftigung. Also durchaus etwas, was Berufstätige versuchen könnten.

Glossar

Aktienindex: Kennzahl für die Kursentwicklung des Aktienmarktes insgesamt oder einzelner Aktiengruppen (zum Beispiel DAX)

Anleihe: Verzinsliches Wertpapier, auch Rentenpapier oder Obligation genannt (englisch bond).

AUD/USD: Währungsverhältnis zwischen dem Australischen Dollar und dem US Dollar

Bracket-Order: Mit einer Bracket-Order kann der Trader vorab den Verlust einschränken und die Höhe des potentiellen Gewinns festlegen

Break Even: English für Gewinnschwelle

Broker (Englisch für Börsen-Makler): Finanzdienstleister, der für die Durchführung von Wertpapierordern von Anlegern zuständig ist

Candlestick: Darstellungsform von Kursveränderungen auf Basis einer japanischen Analysetechnik

Chance-Risiko-Verhältnis (CRV): Das CRV dient als Indikator für die Sinnhaftigkeit einer Anlage. Es wird berechnet durch die Division der erwarteten Rentabilität durch den größtmöglichen Verlust (Stop-Loss)

DAX: Deutsche Aktien Index

Daytrading: Daytrading beschreibt den kurzfristigen spekulativen Handel mit Wertpapieren. Hierbei werden Positionen innerhalb des gleichen Handelstages eröffnet und wieder geschlossen, mit dem Ziel bereits von geringen Kursschwankungen zu profitieren

Doji: Candlestickformation bei der Eröffnungs- und Schlusskurs auf gleicher Höhe liegen.

Drawdown: Verluste, die innerhalb einer bestimmten Zeit ausgehend vom Höchststand entstehen können

E-Mini-Future: Future Kontrakt auf den amerikanischen Index SP500

Entry-Strategie: Eine Strategie, die den Eintritt in einen Markt bestimmt

Erwartungswert (Expectancy): Kennzahl, die sich bei unbegrenzter Wiederholung des zugrunde liegenden Experiments als Durchschnitt der Ergebnisse ergibt

EUR/CHF: Währungsverhältnis zwischen dem Euro und dem Schweizer Franken

EUR/GBP: Währungsverhältnis zwischen dem Euro und dem Britischen Pfund

EUR/JPY: Währungsverhältnis zwischen dem Euro und dem japanischen Yen

EUR/USD: Währungsverhältnis zwischen dem Euro und dem US Dollar

Eurostoxx50-Future: Future auf den Aktienindex, der 50 große börsennotierte Unternehmen der Eurozone beinhaltet

Exit-Strategie: Eine Strategie, die den Austritt aus einem Markt bestimmt

FDAX: Der DAX-Future ist ein Termingeschäft auf den Deutschen Aktienindex (DAX)

Forex: Forex Exchange Market, internationaler Devisenmarkt

Futures: Terminkontrakt. Standardisierter Vertrag über den Kauf oder Verkauf einer bestimmten Menge einer Ware, zu einem festgelegten Preis, an einem bestimmten Datum

Gap: Kurslücke zwischen zwei Handelstagen

GBP/JPY: Währungsverhältnis zwischen dem Britischen Pfund und dem Japanischen Yen

GBP/USD: Währungsverhältnis zwischen dem Britischen Pfund und dem US Dollar

Heikin Ashi Chart: Japanisch: „auf einem Fuss balancieren". Japanischer Darstellungsform von Kursveränderungen

Kommissionen: Kosten, die beim An- und Verkauf von Wertpapieren oder Terminkontrakten anfallen

Kursziel: Börsenkurs, den ein Wertpapier aufgrund einer Analyse erreichen soll

Leerverkauf: Trading-Position, bei der der Trader auf das Fallen eines Marktes setzt.

Lernkurve: Beschreibt im Trading den Erfolgsgrad des Lernens über den Verlauf der Zeit

Limit Order: Order mit festgelegtem Preis und/oder festgelegter Zeit für die Ausführung.

Liquidität: Beschreibt im Börsenhandel, in welchem Maß ein Wertpapier jederzeit ver- und gekauft werden kann

Long: Long zu sein heißt, Wertpapierbestände gekauft und damit im Besitz zu haben

Lot: Ein Lot ist die Handelseinheit beim Devisenhandel (Forex) und in Futures-Märkten. Bei Forex steht ein Lot bei normalen Kontrakten für 100.000 Einheiten der vorderen Währung (Basis), also beim Währungspaar EURUSD steht 1 Lot für 100.000 Euro.

Money-Management: Als Money-Management bezeichnet man eine Wertsicherungsstrategie, die darauf abzielt, das Risiko eines Wertpapier-Portfolios durch Größenfestlegung der einzelnen Handelspositionen zu steuern

Pip: Engl. : Percentage in point, kleinste Änderung im Preis im Devisenhandel

Range: Kursbereich, in dem ein Wert in einer Phase (ein Tag, eine Woche, mehrere Monate) gehandelt wird

Risikomanagement: Umfasst sämtliche Maßnahmen zur systematischen Erkennung, Analyse, Bewertung, Überwachung und Kontrolle von Risiken

Roundturn: Abgeschlossene Transaktion, bei der ein Wertpapier gekauft und wieder verkauft wurde

Scalping: Trading-Technik, bei der der Trader versucht minimale Bewegungen im Markt zu handeln

Short-Position: Ein Trader ist Short, wenn er eine Position verkauft, ohne sie zu besitzen (Leerverkauf)

Short-Signal: Trading-Signal, das einen Leerverkauf nahelegt

Slippage: Die Differenz zwischen dem veranschlagten und dem tatsächlichen Preis beim Wertpapierkauf

Spinning Top: Chartmuster mit kleinem Körper und langen Schatten.

Spread: Differenz zwischen An- und Verkaufspreis

S&P 500 (Standard & Poor's 500): Aktienindex, der die Aktien von 500 der größten börsennotierten US-amerikanischen Unternehmen umfasst

Stop-Loss-Order: Verkaufsauftrag, der bestens ausgeführt wird, sobald ein bestimmter Kurs erreicht wird

Take-Profit-Order: Automatisierte Börsenorder, der ausgelöst wird, sobald ein vorab bestimmtes Kursziel erreicht wurde

Tic: Kleinste Preisveränderung an einem Futures-Markt

T-Note-Future: Future auf Amerikanische Staatsanleihen mit einer Laufzeit Laufzeiten von 2, 3, 5, 7 und 10 Jahren

Trailing-Stop: Automatisch nachgezogener Stop-Loss-Order

Trefferquote: Die Trefferquote beschreibt das Verhältnis von Gewinn-Trades zu Verlust-Trades

Trend following: Trading-Strategie, die auf das Folgen eines einmal identifizierten Trends setzt

Umkehrkerze: Bei einer Umkehrkerze (auch Umkehrstab, Engl. Pin Bar) wird eine vorangegangene Kursbewegung in eine Richtung beendet und eine neue Kursbewegung in die entgegengesetzte Richtung eingeleitet.

Unterstützung: Preisniveau, an dem vermehrt Käufer auftauchen.

USD/CAD: Währungsverhältnis zwischen dem US-Dollar und dem Kanadischen Dollar

USD/CHF: Währungsverhältnis zwischen dem US-Dollar und dem Schweizer Franken

USD/JPY: Währungsverhältnis zwischen dem US-Dollar und dem japanischen Yen

Volatilität: Standardabweichung. Gibt an, wie stark ein Kurs schwankt

Widerstand: Preisniveau, an dem vermehrt Verkäufer auftauchen.

Zeit-Stop: Diese Order schließt eine Position nach einer vorab festgesetzten Anzahl Perioden automatisch

Zinsentscheid: Beschreibt ein Ereignis, an dem Zentralbanken die Entscheidung über den weiteren Verlauf von Leitzinsen bekannt geben.

Weitere Bücher von Heikin Ashi Trader

Wie starte ich mit 500 Euro ein Trading-Business?

Viele Trader haben am Anfang nur wenig Geld fürs Traden zur Verfügung. Dies muss aber kein Hindernis sein, trotzdem eine Trader-Karriere ins Auge zu fassen.

Allerdings geht es in diesem Buch nicht darum, wie man aus 500 Euro 500.000 Euro erwirtschaftet. Es sind gerade die überzogenen Rendite-Erwartungen, welche die meisten Anfänger zum Scheitern bringen.

Stattdessen zeigt der Autor realistische Wege auf, wie man trotz eines kleinen Startkapitals zu einem hauptberuflichen Trader werden kann. Und dies gilt sowohl für Trader, die privat bleiben wollen, als auch für diejenigen, die irgendwann Kundengelder traden wollen.

Dieses Buch zeigt Schritt für Schritt, wie Sie das schaffen können. Ergänzend gibt es noch einen konkreten Aktionsplan für jeden einzelnen Schritt. Jeder kann im Prinzip Trader werden, wenn er bereit ist zu lernen, wie dieses Geschäft wirklich funktioniert.

Inhaltsangabe

1. Wie kann ich mit 500 Euro Trader werden?

2. Wie Sie sich gute Trading-Gewohnheiten aneignen

3. Werden Sie ein disziplinierter Trader!

4. Das Märchen des Zinseszins

5. Wie tradet man ein 500-Euro-Konto?

6. Social Trading

7. Sprechen Sie mit Ihrem Broker

8. Wie wird man ein professioneller Trader?

9. Traden für einen Hedgefonds?

10. Lernen Sie networken

11. In 7 Schritten zum Profi-Trader

12. 500 Euro ist viel Geld.

Wie scalpe ich den Mini-DAX-Future?

Dank der Einführung des Mini-DAX-Futures (Kürzel: FDXM) bekommen Privatanleger mit kleineren Konten nun auch die Möglichkeit den deutschen Index DAX zu professionellen Konditionen zu scalpen. Im Gegensatz zu den meisten anderen Trading-Instrumenten sind Futures die transparenteste und günstigste Möglichkeit in den Finanzmärkten Geld zu verdienen.

Scalper haben unendlich viel mehr Trading-Gelegenheiten als Positionstrader oder Daytrader, was die eigentliche Stärke dieses Trading-Stiles ausmacht. Ein Scalper kann sein Kapital von daher viel effektiver verwalten als alle anderen Marktteilnehmer und ist somit in der Lage eine viel größere Rendite zu erwirtschaften als es sonst der Fall wäre.

Der Heikin Ashi Trader zeigt in diesem Buch wie man diesen neuen Future auf den DAX erfolgreich scalpen kann. Sie lernen, wie Sie in den Markt einsteigen, wie Sie Ihre Positionen managen und an welcher Stelle Sie wieder aussteigen sollten. Ausserdem enthält das Buch eine Fülle an Tipps und Tools, um das eigene Trading noch effektiver und präziser zu gestalten.

Inhaltsverzeichnis

1. Die EUREX führt den Mini-DAX-Future ein

2. Deutschland, ein Paradies für „innovative" Finanzprodukte

3. Vorteile des Futures-Handels

4. Der Heikin-Ashi-Chart

5. Was ist Scalping?

6. Was ist der Vorteil des Scalpers?

7. Basis-Setup des Heikin Ashi-Scalpings

8. Entry-Strategien

9. Sind Re-Entries sinnvoll?

10. Exit-Strategien

11. Sind Multiple Targets sinnvoll?

12. Wann Sie den Mini-DAX scalpen sollten (und wann nicht)

13. Hilfreiche Tools zum Scalpen

    A. Orders platzieren

    B. Öffnen und Schließen der Orders

    C. Das Managen offener Orders

    D. Der Trailing Stop als Gewinnmaximierungs-Tool

14. Verschiedene Stop-Arten

    A. Der Fixe Stop

    B. Der Trailing Stop

    C. Der Lineare Stop

    D. Der Zeit Stop

    E. Der Parabolic Stop

    F. Stop Order verknüpfen

    G. Multiple Stops und Multiple Targets

15. Geld wird an der Börse mit Exit-Strategien verdient!

16. Weiterentwicklung der Marktanalyse

    A. Key Price Levels

    B. LiveStatistics

Schlusswort

Glossar

Über den Autor

Weitere Bücher des Heikin Ashi Trader

Wie entwickle ich eine profitable Trading-Strategie?

Warum Sie das Gegenteil von dem tun sollten, was die Masse der Trader versucht

Trader gehen an die Börse aus keinem anderen Grund als um Punkte, Tics und Pips zu sammeln. So viel wie möglich und so schnell wie möglich. Sie brauchen daher eine Strategie, die genau dies leistet: permanent kleine Gewinne anhäufen, die sich irgendwann zu einem stattlichen Plus auf dem Konto summieren.

Damit dies gelingt, nimmt der Autor die klassische Empfehlung „Verluste begrenzen, Gewinne laufen lassen" unter die Lupe. Und er wagt in diesem Buch genau das Gegenteil von diesem gutgemeinten Ratschlag: Gewinne so klein wie möglich halten und Verluste möglich groß wählen.

Im zweiten Teil des Buches unterzieht er eine Strategie, die mit dieser These arbeitet, einem ausführlichen Test. Und die historischen Backtests geben ihm Recht. Wenn Trader das Gegenteil von dem tun, was die Masse versucht, haben Sie endlich Erfolg!

Inhaltsverzeichnis

Teil 1: Tun Sie das Gegenteil von dem, was die Masse der Trader versucht!

1. Was Trader von automatischen Handelssystemen lernen können

2. Tun Sie das Gegenteil von dem, was in den Trading-Büchern steht

   Behauptung 1: Verluste begrenzen und Gewinne laufen lassen

   Behauptung 2: Versuchen Sie ein gutes Chance-Risiko-Verhältnis zu erzielen

   Behauptung 3: Sie brauchen „lediglich" eine Trefferquote von 33,33%

3. Zielen Sie auf eine hohe Trefferquote

4. Warum Trading-Strategien mit „guten" CRVs meist nicht erfolgreich sind

5. Lob der Take-Profit-Order

6. Lob des automatischen Entry

Teil 2: Trading-Strategien mit kleinem Kursziel und weitem Stop

Test 1: Bund-Future, Crossing-Moving-Average-Strategie

Test 2: E-Mini, Crossing-Moving-Average-Strategie 1

Test 3: E-Mini, Crossing-Moving-Average-Strategie 2

Scalpen macht Spaß! 1-4

Vier Bücher in einem!

Buch 1: Traden mit dem Heikin Ashi-Chart

1. Willkommen zu Scalping macht Spaß!

2. Wie funktionieren Märkte?

3. Was ist Trading?

4. Was ist Scalping?

5. Der Heikin Ashi-Chart

6. Das Scalping-Setup

7. Risiko- und Money-Management

8. Treffen Sie eine Entscheidung!

Buch 2: Beispiele aus der Praxis

1. Scalpen mit Technischer Analyse?

2. Wie interpretiere ich Heikin Ashi-Charts?

3. Wann steige ich ein?

4. Wann steige ich aus?

5. Arbeiten mit Kurszielen oder nicht?

6. Heikin Ashi-Scalping in der Praxis

7. Hilft die Chartanalyse beim Heikin Ashi-Scalping?

A. Unterstützung und Widerstand

B. Swing-Hoch und Swing-Tief der vergangenen Tage

C. Die Bedeutung der runde Zahl im Forex

8. Wie erkenne ich Trendtage?

9. Wie scalpe ich Trendtage?

10. Zum Schluss

Buch 3: Wie bewerte ich meine Trading-Ergebnisse?

1. Das Trading-Journal als Waffe

2. Die ersten 12 Wochen eines neuen Scalpers

- Woche 1

- Woche 2

- Woche 3

- Woche 4

- Woche 5

- Woche 6

- Woche 7

- Woche 8

- Woche 9

- Woche 10

- Woche 11

- Woche 12

3. Und wie geht es mit Jenny weiter?

4. Scalping is a Business

Buch 4: Trading ist Flow-Business

1. Traden Sie nur, wenn es Spaß macht

2. Wann Sie nicht traden sollten

3. Die besten Trading-Stunden

A. Für Forex-Trader

B. Für Index-Trader

C. Für Crude-Oil-Trader

4. Warum schnelles Scalping besser ist als wenige überlegte Trades

5. Disziplin ist leichter im Flow

6. Warnzeichen und Kontrollinstrumente

7. Seien Sie aggressiv, wenn Sie gewinnen und defensiv, wenn Sie verlieren

Über den Autor

Heikin Ashi Trader ist das Pseudonym eines Traders, der mehr als 16 Jahren Erfahrung in Daytrading mit Futures und Devisen hat. Er hat für einen Hedgefonds gehandelt und gehörte zu den Top 5 Tradern des Social Trading-Plattforms "Ayondo". Er ist spezialisiert in Scalping und schnellem Daytrading. Er hat mehrere Bücher über Trading veröffentlicht, die sich gegenseitig erklären. Sein Scalping-Buch "Scalpen mach Spaß!" hat sich mittlerweile weltweit über 15.000 Mal verkauft und wurde bereits in 7 Sprachen übersetzt.

Sie können den Autor unter folgende Mail-Adresse erreichen: pdevaere@yahoo.de

Impressum

© 2017 Heikin Ashi Trader

Das Werk einschließlich aller Inhalte ist urheberrechtlich geschützt. Alle Rechte vorbehalten. Nachdruck oder Reproduktion (auch auszugsweise) in irgendeiner Form (Druck, Fotokopie oder anderes Verfahren) sowie die Einspeicherung, Verarbeitung, Vervielfältigung und Verbreitung mit Hilfe elektronischer Systeme jeglicher Art, gesamt oder auszugsweise, ist ohne ausdrückliche schriftliche Genehmigung des Autors untersagt. Alle Übersetzungsrechte vorbehalten.

Die Benutzung dieses Buches und die Umsetzung der darin enthaltenen Informationen erfolgt ausdrücklich auf eigenes Risiko. Das Werk inklusive aller Inhalte wurde unter größter Sorgfalt erarbeitet. Dennoch können Druckfehler und Falschinformationen nicht vollständig ausgeschlossen werden. Der Autor übernimmt keine Haftung für die Aktualität, Richtigkeit und Vollständigkeit der Inhalte des Buches, ebenso nicht für Druckfehler. Es kann keine juristische Verantwortung sowie Haftung in irgendeiner Form für fehlerhafte Angaben und daraus entstandenen Folgen vom Autor übernommen werden. Für die Inhalte von den in diesem Buch abgedruckten Internetseiten sind ausschließlich die Betreiber der jeweiligen Internetseiten verantwortlich.

1. Auflage 2017

Text: © Copyright by Heikin Ashi Trader

Plaza de San Cristobal, 14

03002 Alicante, Spain

Alle Rechte vorbehalten

www.ingramcontent.com/pod-product-compliance
Lightning Source LLC
Chambersburg PA
CBHW070300230526
45470CB00002B/662